기다려! 손잡고 같이 가

기다려! 손잡고 같이 가

남서울은혜교회 장애사역위원회

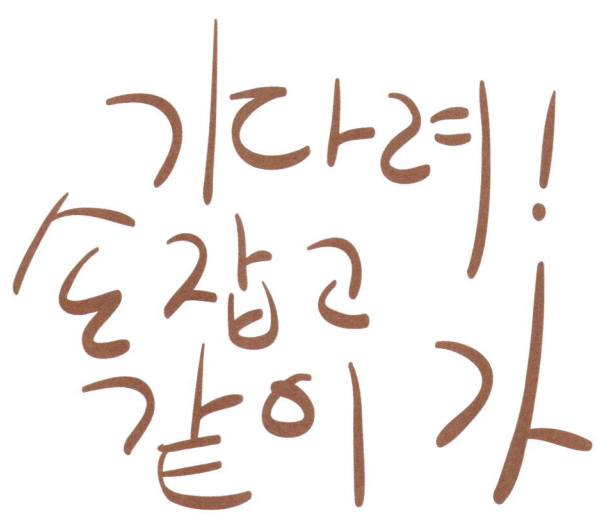

예수님이 이 땅에서 행하신 모든 사역은 장애인과 함께하는 사역이셨다!
예수님의 본을 따라 함께 살아가고 있는 남서울은혜교회 성도들의 이야기

크리스챤서적

함께 천국을 연습합시다!

남서울은혜교회 담임 박완철 목사

남서울은혜교회 4부 예배엔 특히 장애인 형제자매들이 많이 참석합니다. 듣다가 은혜를 받으면 크게 소리를 지릅니다. 그건 '아멘!'과 같은 표현입니다. 또 영준이와 재현이는 언제나 맨 앞에 나와 CCM 찬양에 맞추어 율동을 합니다. 우리가 따라 할 수는 없습니다. 하나님을 찬양하는 자기만의 몸짓이고 자기만의 표현이니까요. 그런데 때로 그 표정을 보면 그렇게 행복해 보일 수가 없습니다. 어쩌다 제가 인사를 빠뜨리면 손을 내밀고 한없이 기다립니다. 하린이는 저만 보면 어디서든 이름을 부르며 달려와 꼭 하이파이브를 해야 제자리로 돌아갑니다. 어떤 친구는 예배가 끝난 후 성큼성큼 다가와 덥석 안깁니다. 그게 그 친구 인사법입니다. 한 번도 말은 안 합니다. 그래도 좋습니다. 한 번의 허그로도 필요한 안부는 다 전달되는 것 같습니다. 미봉이는 예배 때면 늘 긴 휠체어에 누워서 나옵니다. 그래도 빠지지 않고 예배 참석하는 것이 고맙고 대견합니다. 우리 교회는 매주 천국을 연습하고 있습니다.

천국에는 장애가 없습니다. 시각장애, 청각장애, 지체장애, 지적장애, 어떤 장애도 없습니다. 그곳엔 눈물도 없습니다. 당해보지 않고 겪어보지 않은 사람은 도무지 모를 이 땅의 장애인들이 겪는 설움도 아픔도 거기엔 없습니다. 장애인, 비장애인의 구별도 없습니다. 모두가 다 같은 하나님의 백성입니다. 믿음으로 승리한 흰옷 입은 무리에 섞여 함께 하나님을 찬양하고 경배하고 그 영광을 누리는 장소가 천국입니다. 천국 다음으로 이와 비슷한 장소는 교회입니다. 이 땅 위의 주님의 교회는 아마 세상에서 유일하게 장애인과 비장애인이 하나로 어우러질 수 있는 곳이 아닐까요? 그래서 교회는 장차 우리가 하늘에서 함께 누리게 될 주님의 잔치를 주일마다 미리 맛보는 장소입니다.

교회는 공동체입니다. 이 공동체에는 여러 모양의 사람들이 모여 있습니다. 부자, 가난한 자, 배운 자, 못 배운 자, 장애인, 비장애인 등. 교회공동체에 소속될 수 있는 자격은 따로 없습니다. 오직 하나, 예수를 자신의 주로 믿는 사람들이면 누구나 가능합니다. 이 특별한 공동체에서 가장 중요한 것은 서로에 대한 배려입니다. 사랑입니다. 주께서 "너희가 서로 사랑하면 이로써 모든 사람이 너희가 내 제자인 줄 알리라"(요 13:35)라고 말씀하셨습니다. 따라서 너는 너, 나는 나가 아니라 '너도 나도 우리 모두 함께'가

중요합니다. 한글성경에는 '함께'라는 단어가 무려 1,400번 이상 사용되고 있습니다. 잘난 사람도 함께, 못난 사람도 함께, 풍족한 사람도 함께, 부족한 사람도 함께 가야 합니다. 그렇다면 교회에서는 장애인에 대한 단순한 동정이나 일시적인 도움 이상의 뭔가가 있어야 하지 않을까요? 저들은 우리와 같은 하나님의 사랑받는 자녀입니다. 또 우리의 형제자매로서 함께 손잡고 같이 갈 생각을 해야 합니다. 천국까지 말이지요.

남서울은혜교회에는 주일학교부서가 여덟 개 있습니다. 마찬가지로 장애인부서가 여덟 개 있습니다. 몇 년 전부터는 주일학교 부서들에서 장애를 가진 친구들과 통합교육을 실시하고 있습니다. 하나님이 하시는 일은 늘 기대 이상입니다. 장애인 친구들과 함께 예배드리면서 오히려 유익이 많습니다. 자연스럽게 장애인 친구들과 '함께'라는 의식이 생겨납니다. 함께 예배하고 함께 찬양하고 함께 기도합니다. 어려움 겪는 친구들을 이해하게 됩니다. 또 자원하여 그들을 도우면서 그리스도인의 봉사와 헌신의 마음을 습득합니다. 장애인과 함께 가는 이런 모습을 가장 기뻐하는 분은 우리 주님이실 겁니다.

이 책은 이 교회가 장애인들과 함께 손잡고 걸어온 이야기들을 담고 있습니다. 장애인들과 함께 울고 웃으며 모든 수고를 아끼지 않는 분들이 아직 많습니다. 주님이 이 책을 이 땅에서 천국을 연습하기 원하는 모든 분들을 격려하는 데 사용해주시길 바랍니다.

하나님의 공평

남서울은혜교회 장애사역위원회 유은식 목사

 2남 2녀의 자녀를 두신 저희 부모님은 항상 먹을 것을 공평하게 나누어주셨습니다. 똑같은 분량으로 나누는 어머니의 손을 저희들은 뚫어져라 지켜보았죠. 그러다가 조금이라도 하나가 더 크면 울고불고 했던 일들을 기억합니다.
 우리 인간에게 있어서 '공평'은 똑같이 나누는 것입니다. 우리가 생각하는 공평의 기준은 '1:1', '똑같은', '동일선상'과 일맥상통합니다. 혹시 하나님의 '공평'을 생각해보신 적이 있으신가요? 하나님이 생각하시는 공평의 기준은 '조화로움'입니다.
 하나님은 인간이 창조물의 조화로움을 벗어나 자신의 욕심으로 말미암아 혼란스러움에 빠져버린 것을 그냥 보실 수 없으셨습니다. 공평의 속성을 갖고 계신 하나님은 자신의 몸을 내어줄 수밖에 없다는 것을 아셨고, 죄악된 인간을 조화로움 속으로 다시 한번 부르시기 위해 이 땅에 오셨습니다.
 이것이 하나님의 '공평'입니다. 조화로움을 깨뜨린 인간에게 생명을 내어주는 것이 인간에 대한 하나님의 공평하신 처우였던 것이죠. 그냥 단순히 매번 똑같은 은혜를 모든 피조물에게 나누어주시는 것이 하나님의 공평이었다면 성경은 인간의 구원역사를 기록하지도 않았을 것이고, 지금 현재 우리들의 모습은 존재하지 않았을지도 모릅니다. 하지만 다행스럽게도 하나님의 기준은 우리들과는 달랐던 것이죠. 즉, 모든 피조물들이 하나님 안에서 조화로움을 이루어 하나님께 영광돌리길 바라셨던 것입니다.

사회복지 공부를 하면서 한 교수님이 이런 말씀을 해주셨습니다. "복지를 하면서, 많은 사람들을 도우려면 복지사는 정말 잘 나야 한다." 열정과 다른 이들을 위한 마음과 실력은 기본으로 갖고, 그 외에 여러 좋은 배경과 연이 있어야 사람들을 돕는 일을 할 수 있다고 하셨습니다.

한국의 현실에 비춰보면 여지없이 맞아떨어지는 말이라는 생각이 들면서도, 왠지 감정적으로는 100% 동감이 이루어지지 않았습니다.

제가 이 사역을 시작한 것은 단지 주님이 원하시는 일이기 때문이었습니다. 잘할 자신이 있어서 한 것도 아니고, 특별한 배경이 있었던 것도 아니었습니다. 또한 장애인들을 만나본 적도 없었죠. 단지 이웃에 대한 사랑을 베풀어주시며 가난한 이들과 함께한 예수님의 모습을 보았기 때문에 이 자리에 있는 것입니다.

사역을 하며 특별한 배경이 없는 것에 아쉬움도 없고, 많은 사람들이 이 사역에 동참하주지 않음에도 섭섭하지 않습니다. 또한 함께 사역을 하다 너무 힘들어 도중에 그만두는 동역자들도 원망스럽지 않습니다. 그냥 단순히 예수님이 본을 보여주셨기 때문에 이 일을 할 뿐이지 그 이상도 그 이하도 아닙니다. 장애인들을 돕는다는 것…. 어떤 전제조건을 갖추고 나서 시작하는 것이 아닙니다. 예수님이 보여주신 그 모습을 그대로 따라가는 것이죠. 대단한 일도 아니고 해야 할 사람이 정해져 있는 것도 아닙니다. 모든 사람이 이웃을 향해 손을 내밀어야 하고 그 이웃에 단지 장애인이 있을 뿐입니다.

이 책의 시작되는 이야기들과 마무리되는 모든 이야기는 단지 하나님이 함께하셨던 감사한 만남의 이야기일 뿐입니다. 하나님의 공평하신 질서가 함께하는 공동체 속에 드러난 것을 많은 이들과 나누기 위해 쓰여진 책입니다. 함께 감사함을 누릴 수 있는 귀한 책이 되었으면 좋겠습니다.

장애는 우리 삶의 일부이다

남서울은혜교회 장애사역위원회 위원장 곽종훈

1. 장애란 특별한 모습일까?

우리는 보통 몸이 멀쩡하거나 듣는 것과 보는 것이 아무런 문제가 없으면 일단 자신은 장애인이 아니라고 생각한다. 그런가 하면 신체에 장애가 있는 사람들을 보면 왠지 심리적 거부감을 느끼면서 나도 저렇게 될지도 모른다는 두려움을 느낀다. 한편 장애로 고통받는 이웃을 그냥 바라볼 수밖에 없는 자신의 무력감에 분노를 느끼기도 한다. 이는 신체적 장애에 대하여 누구나 쉽게 느끼는 일종의 심리적 그림자이다. 이 때문에 사람들은 자신은 장애와 무관한 존재인 것처럼 생각하면서 장애를 멀리하려는 경향이 있다고 한다. 그 전형적인 예가 과거 우리나라 시골 마을에서 장애인이 동네어귀에 나타나면 어린아이들이 앞장서서 돌팔매질을 하였던 것이 아닌가 싶다.

그러나 '장애'라는 용어를 더 넓고 정확히 분석하여 본다면, 단지 눈에 보이는 신체적 결함에 그치는 것은 아니다. 오히려 그러한 피상적인 관념과는 달리, '사회생활에 필요한 것을 자신의 힘만으로는 얻을 수 없는 상태'라고 해석하는 것이 실질적인 접근이다. 이러한 의존 상태에 있는 사람이라면 누구나 장애인으로 불릴 수 있다. 이렇게 볼 때, 사람은 누구나 태어날 때부터 그 본래의 모습이 장애인이고, 나이 들어 죽음이 다가올 때에는 다시 장애인의 상태로 돌아간다고 할 수 있다. 왜냐하면 갓난아이는 혼자서는 아무것도 할 수 없고, 사람이 나이가 들거나 병이 들면 어쩔 수 없이 이웃의 도움을 받아야 하기 때문이다. 이처럼 인생에서 시작과 끝이 그렇고, 한참 건강할 때라도 대부분 자기에게 필요한 것을 직접 해결하기란 사실상 불가능하기 때문에 우리에게 '장애'란 말은 너무나 친숙하고 어찌보면 삶 그 자체라고 할 수 있다.

2. 신체적 장애보다 더욱 심각한 영적 장애

예수님의 산상수훈 중 "만일 네 오른 눈이 너로 실족하게 하거든 **빼어 내버리라** 네 백체 중 하나가 없어지고 온 몸이 지옥에 던져지지 않는 것이 유익하며 또한 만일 네 오른손이 너로 실족하게 하거든 찍어 내버리라 네 백체 중 하나가 없어지고 온 몸이 지옥에 던져지지 않는 것이 유익하니라"(마태복음 5:29~30)는 말씀을 보면 신체적 장애보다 훨씬 무서운 것이 영적 장애임을 알 수 있다.

장애를 가진 사람에게 '놈 자(者)'를 붙여 '장애자'라고 비하하여 부르던 시절, 영적 어두움 속에서 방황하는 사람은 비록 신체가 건강할지라도 정상자(情狀者)에 불과한 반면, 영생을 선물로 받은 사람은 신체적 장애가 있다고 할지라도 장애인(障碍人)으로서 정상자보다 훨씬 우위에 있다고 설명하는 분이 계셨다. 성경을 보아도 부잣집 대문 앞에 버려져 심지어 개들이 와서 그 헌데를 핥았던 거지 나사로는 죽어서 아브라함의 품에 들어간 반면, 고운 옷을 입고 매일 호화롭게 즐기던 부자는 음부에 떨어져 불꽃 가운데에서 엄청난 괴로움을 당하는 모습이 그려져 있다(누가복음 16:19~31).

예수님은 3년의 공생생활 가운데 수많은 장애와 질병을 고치셨다. 그중 중풍병자를 고치시면서 "네 죄 사함을 받았느니라"라는 말씀을 하셨는가 하면, 열두 해 동안 혈루증을 앓던 여인을 고치시면서는 "네 믿음이 너를 구원하였다"라고 하셨고, 시각장애인을 고치실 때엔 "믿음대로 되라"고 말씀하셨다. 이는 질병과 장애가 외형상 신체적 아픔이나 불편으로 나타났지만 그 실체는 하나님을 떠난 죄인된 인간의 모습임을 단적으로 보여주는 징표이다. 그에 대한 궁극적인 치유는 믿음으로 죄를 용서받고 하나님의 형상을 따라 창조된 본래의 모습으로 회복하는 것이다. 요컨

대 장애라는 고난에 직면하는 것은 영적 세계로 눈을 뜨게 하는 일종의 통로로서 삶에 대한 위협이 아니라 오히려 구원에 이르게 하는 숨겨진 축복일 수 있다는 것이다. 영적 시각에 장애가 있는 인간들은 자기 땅에 오신 주인을 알아보지 못한 채 영접하지 않았고, 영적 청각에 장애가 있는 인간들은 그 마음이 완악하여 메시아의 말씀을 청종하지 않은 채 메시아를 죽이기까지 했다. 이처럼 죄로 눈과 귀가 먼 자가 구원의 선물을 받기 위해서는 각종 고난과 아픔 및 징계의 터널을 거쳐야 하고, 그 과정에서 비로소 자신의 죄된 모습을 들여다볼 수 있는 영의 눈과 하나님의 말씀을 들을 수 있는 귀가 열리는 것이 아닐까?

아담의 후손인 인간은 누구나 이러한 영적 장애를 가지고 태어나서 일생을 사는 동안 정도의 차이는 있지만 계속하여 동일한 장애에 시달린다고 할 수 있다. 전혀 천국복음을 접해보지 못한 상태에서 죄의 근원도 알지 못한 채 사망에까지 나아가는가 하면, "오호라 나는 곤고한 사람이로다 이 사망의 몸에서 누가 나를 건져내랴"라는 사도 바울의 고백처럼 구원을 선물로 받고 영생의 기쁨을 누리는 성도라 할지라도 문득문득 자신은 도저히 하나님의 의와 선을 행할 수 없는 무능한 장애인일 수밖에 없음을 처절하게 느끼지 않을 수 없다.

3. 장애인의 친구로 오신 예수님

세례 요한이 예수님이 메시아인지 확실히 알기 위해서 그의 제자들을 보내었을 때 예수님께서는 "너희가 가서 듣고 보는 것을 요한에게 알리되 맹인이 보며 못 걷는 사람이 걸으며 나병환자가 깨끗함을 받으며 못 듣는 자가 들으며 죽은 자가 살아나며 가난한 자에게 복음이 전파된다 하라"(마태복음 11:4~5)라고 말씀하셨다. 이는 예수님이 이 땅에 오시기 700년 전에 활동하였던 선지자 이사야의 메시아에 관한 예언이 성취됨을 뜻하는 것이다. 이로써 우리는 장애인이 하나님 나라의 백성이 되는 것이야말로 하나님 나라가 도래하는 표징이라는 것을 알 수 있다. 예수님이 이 땅에서 겪으신 십자가의 고통과 그를 통하여 인류에게 구원의 문이 열린 것을 생각할 때, 장애인이 겪는 고통이야말로 예수님이 몸소 실천하신 대속의 비밀을 가시적으로 체험하게 하는 축복의 열쇠일 수 있다. 죄악으로 인한 심각한 영적 장애의 내면을 들여다본다면, 예수 그리스도의 복음이야말로 마음이 가난한 장애인에게 우선적으로 선포되어야 하는 것임을 알 수 있다.

4. 교회가 함께 꾸는 꿈

앞의 내용처럼 장애란 좁어가 육체적이든 영적이든 온전한 상태에 이르지 못한 부족한 현상을 말하는 것이라면 우린 누구나 어쩔 수 없이 장애를 안고 태어나는 태생적 장애인이다. 그리고 이러한 상태가 에덴에서 쫓겨난 인간의 본질적인 모습이라면, 교회가 비록 영생을 선물로 받은 성도들의 신앙공동체라고 해도 성도 하나하나는 여전히 자신의 장애를 하나님 앞에 내놓고 눈물로 치유와 회복을 간구해야 하는 부족한 존재일 수밖에 없다. 이와 달리 일정한 신체적 장애의 범위를 인위적으로 설정하여 장애인의 분류를 그에 한정시키는 관점에 서더라도, 예수 그리스도를 머리로 하는 유기체로서 천국을 향해 힘차게 항해하는 순례집단인 교회 안에는 반드시 부름을 받은 장애인이 있기 마련이다.

따라서 장애인은 교회 안에서 단순히 행사나 자선의 대상이 아닌 영적, 육적으로 함께 삶을 나누어야 하는 구성원이자 이웃이어야 한다. 교회의 장애인사역은 장애인을 '위한'(for) 사역이 아니라 장애인과 '더불어'(with) 이루는 사역이고, 장애인은 어엿한 회원으로서 기여하며 교회공동체를 함께 이루어가야 한다.

우리의 신앙목표가 그리스도의 장성한 분량까지 자라는 것이라면, 장애인사역의 구체적 내용은 예수님이 이 땅에서 행하신 장애인들에 대한 사역내용을 지침으로 삼아야 한다. 아울러 장애인에 대한 세례는 유아세례의 예에서 보듯이 당사자의 신앙보다 부모의 신앙, 크게는 교회공동체의 신앙을 근거로 장애인을 영적 가족의 일원으로 받아들이는 신앙고백의 의식이라는 설명이 설득력이 있다. 이로써 세례교인이 함께 나누는 성찬이 단순한 지적 고백에 그치거나 지나치게 이성화되는 대신 그리스도 안에서 마음으로 하나되는 신령한 합일의 의식이 될 수 있지 않을까?

5. 서로의 의사가 존중되는 삶

국가가 수행하는 장애인에 대한 복지정책이 나날이 발전하면서 장애인에 대한 섬김의 기본방향에 많은 변화가 있어 보인다. 삶의 불편함을 단지 물질적으로 돕는 수준에서 사람이라면 누구나 갖는 '행복을 추구할 권리'를 최대한 보장해주는 쪽으로 변화하고 있는 것이다. 우선 장애인에게도 그 의사를 존중하여 나름대로 자기결정권을 행사하게 함으로써 최선의 삶을 찾을 기회를 제공해줄 필요가 있는가 하면, 부족하나마 남아 있는 능력을 최대한 발휘할 수 있도록 기회의 마당을 마련하여주는 것이 최고의 법규범인 헌법이 보장하는 인권존중의 이념에도 부합한다. 장애인에게 도움을 준다는 생각에서 사사건건 간섭하는 태도는 바람직하지 못할 뿐만 아니라 장애인의 인격에 대한 모독이라고 할 수 있다. 장애인 역시 가급적 모든 문제를 자신의 힘으로 처리하되 꼭 필요한 경우에 도움을 청하는 적극적 생활자세로 그 태도를 바꾸어야 한다.

그러나 이러한 사고의 전환은 이웃에 대한 깊은 사랑과 이해가 뒷받침되지 않는다면 오히려 장애인에게 상처를 주는 또 하나의 차별을 불러올 여지가 적지 않아 극히 조심스러울 수밖에 없다.

6. 사마리탄의 추억

절망의 나락에서 주님을 만나 한없는 기쁨을 맛보았음에도 모든 것이 생소한 상태에서 마치 어린아이처럼 조심스럽게 성경말씀을 하나씩 배우던 시절, 나는 주위를 돌아볼 틈이 없었다. 그러다가 어느 정도 주위를 둘러볼 여유가 생겼을 때 주님은 젊고 패기 있는 여러 장애우 형제들과 그들을 사랑하는 진솔한 믿음의 선배들을 만나게 하셨다. 벌써 30년 전의 일이다. "나는 장애인이 아닙니다!"라고 외치던 손이 불편한 사무엘, 논리정연하게 자신의 주장을 펴던 뇌성마비의 요한, 척추장애를 가졌지만 리더로서 손색이 없었던 노○○ 형제, 삶 그 자체를 복음으로 보여주셨던 귀한 목사님과 신앙선배들의 모습이 지금도 눈에 선하다. 우리는 방에만 틀어박혀 지내던 장애인들을 불러내 경치 좋은 곳을 찾아 수련회를 가졌고 그들의 숨은 달란트를 찾아 발표회를 여는가 하면 천주교복지관의 한 방실을 빌려 사무실을 마련하고 수시로 모여 말씀의 교제를 나누었다. 소문이 나자 많은 장애인들과 이에 관심을 가진 믿음의 형제들이 모여들었고, 비록 열악한 환경이었지만 모일 때마다 웃음꽃을 피우며 세상일로 피곤하고 지친 마음에 새 힘을 얻곤 하였다. 그러나 시간이 갈수록 모임에 대한 서로의 생각이 달랐고 장애인 형제들 사이에도 많은 인간적 갈등과 범죄에 대한 유혹이 있음을 알게 되었다. 특히 그 당시에는 장애인에 대한 공공복지정책이 걸음마 수준이어서 장애인 형제들의 재정형편이 어려운 데다가 오직 개인 호주머니를 털어 약간의 도움을 줄 수밖에 없는 처지라 마음 아픈 일이 적지 않았다.

　이제 장애인에 대한 사회 환경이 많이 바뀌었다. 특히 우리 교회는 장애인과 함께하는 신앙공동체로서 짧지 않은 시간 동안 많은 사역의 열매를 거두고 있다. 나 역시 어느덧 나이가 들어 온몸이 옛날과 같지 않게 되었는가 하면, 전혀 예상치 못한 주님의 인도하심을 통하여 장애사역에 다시 참여하게 되었다. 마치 먼 길을 돌아 고향마을 어귀에 다다른 것처럼!

　이제 지난날의 교훈을 마음에 새기며 장애사역을 위하여 주님이 주신 사랑의 불씨를 미력이나마 다시 뜨겁게 지피고 싶다.

CONTENT

PROLOGUE	함께 천국을 연습합시다! 남서울은혜교회 담임 박완철 목사	4
	하나님의 공평 남서울은혜교회 장애사역위원회 유은식 목사	8
	장애는 우리 삶의 일부이다 남서울은혜교회 장애사역위원회 위원장 곽종훈	12
PART 01	우리에게 찾아온 변화, 장애를 넘어 영혼을 봅니다	
	사랑은 장애를 넘어 영혼을 보는 것 밀알학생부 박환운	30
	하나님의 놀라운 계획하심 밀알청년1부 최준구 어머니	34
	사랑이 실체가 되어 아만나부 박은주	38
	기억의 강 아만나부 지운숙	42
	믿음의 성숙, "1+1=1" 밀알학생부 장철	46
	예수님과 함께 동행하는 삶 밀알청년1부 박용식	52

하나님은 포기하지 않는 분이십니다 　　밀알청년1부 이인석 어머니	60
공평하신 하나님 　　밀알청년2부 황유선	66
장애, 그 아름다운 또 하나의 기회 　　아만나부 장은희	70
어머니의 노래 　　밀알청년1부 신용세	78

PART 02　은혜의 자리에서
하나님을 찬양하라

긍휼의 하나님이 계시는 곳 　　밀알청년1부 이창현	96
무얼 가르치는 교사인가? 　　밀알청년2부 안재현	112
너는 특별하단다 　　통합사역부 김상욱	116
주님! 우리 소년부에 다윗처럼 춤추는 아이가 있어요 　　통합사역부 손영덕	126
하나님의 은혜 　　밀알학생부, 통합사역부 강헌구 목사	132
하나님께서 얼마나 좋아하실까 　　밀알학생부 윤유정	142

함께하시는 하나님 148
밀알청년2부 이길례

선한 영향력이 있는 154
그리스도인의 삶이 되도록
농아학생부 임서희

PART 03   짝사랑, 기다려주는 사랑,
          하나님의 사랑

"늘 짝사랑"입니다 162
밀알학생부 이정순

가버나움의 친구들처럼 170
밀알학생부 윤정석 어머니

살아계신 하나님 178
밀알청년2부 정영숙

농아부에서 느끼는 하나님의 사랑 184
농아장년부 박기주

때로는 친근한 친구처럼, 192
때로는 기댈 수 있는 가족처럼
농아학생부, 농아장년부 이준 전도사

수경이와 세발자전거 198
아만나부 김재호

우리 형아 202
통합사역부 김헌주

다시 태어나도 사랑할 사람   206
　아만나부 임영은

PART 04 　잠깐! 손잡고 같이 가요

우리 아들은 하나님의 축복의 통로   220
　밀알청년1부 김한민 어머니

지옥에서 천국으로   224
　밀알청년2부 이만주

농아부와 함께한 은혜의 시간   234
　농아청년부 박덕식

살맛나는 작은 기쁨의 행복한 일상   242
　아만나부 장은희

살아온 이야기   250
　밀알청년1부 김성오

찬양하는 천사   262
　통합사역부 채민아

아름다운 사람들의 아름다운 이야기는
곱거나 예쁘지는 않다   268
　아만나부 이중묵

사각(Blind side)을 보게 하신 하나님   274
　아만나부 장완익 목사

물댄동산   284
　통합사역부 송상기, 송상아, 이미영, 박상현, 안주희

PART 01
우리에게 찾아온 변화, 장애를 넘어 영혼을 봅니다

우리에게 찾아온 변화 장애를 넘어 영혼을 봅니다

PART 01

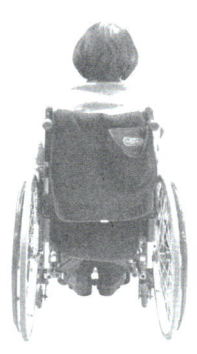

돌이켜보면 나는 준구를 고쳐달라고 기도했지만 하나님께서는 우리 가정을 구원하시기 위하여 우리의 길을 계획하셨던 것이다. 늘 찬송하기를 즐겨 하며 성경을 암송하고 성경읽기를 좋아하는 아들을 볼 때 너무도 사랑스럽다. 가정예배를 드릴 때 대표기도 하는 모습을 보면 하나님께 너무도 감사한 마음이 넘친다. 부족하지만 주신 달란트를 최대한 사용하여 하나님께 영광 돌리는 준구의 모습에서 하나님의 사랑과 은혜가 크고 놀라우심을 고백한다.

사랑은
장애를 넘어
영혼을 보는 것

밀알학생부 박환운

몇 달 전 저녁 늦게 지하철을 타고 집으로 오던 길에서다. 발달장애로 짐작되는 어느 청년이 다가오더니 조금은 과도한 제스처로 아는 체를 했다. 모르는 청년이었지만 씽끗 웃으며 인사를 받아주었다. 그 청년은 내게만 아니라 맞은편에 앉아 있던 중년남자한테도 아는 체를 했다. 그 순간 중년남자는 험악한 얼굴로 청년에게 욕설을 퍼부었다. 당황스러웠던지 그 청년은 슬금슬금 자리를 피해 딴 곳으로 갔다. 뭐라고 말하기 어려운 민망스런 심정이 들었다. 사람들은 장애를 불편해하는 것을 넘어서 불쾌해하나 보다. 그래서 저런 반응을 보이는 게 아닐까.

우리 교회에서는 결코 생소하지 않은 발달장애 아이들, 이들과 주일마다 함께 예배하고 활동하면서 장애와 비장애의 구별이 조금은 모호(?)해졌다. 같이 살면 닮는다는 말처럼 아이들은 선생님을, 선생님은 아이들을 닮아가는 것 같다. 아주 천천히 조금씩이긴 하지만 분명 서로를 닮아간다.

밀알학생부 선생님들은 특별하다. 한번 봉사를 시작하면 쉬이 떠나질 못한다. 10년 넘게 봉사하시는 분들이 여럿이다. 봉사의 가치를 일찍 깨달은 젊은 선생님들도 많다. 가족 전원이 봉사하기도 한다. 선생님들은 또 몸을 사리지 않는다. 예배 때나 야외활동 때 아이들이 없어지기라도 하면 누가 먼저라고 할 것도 없이 산탄총알같이 흩어진다. 아이를 찾아 데리고 오는 그 모습은 감사와 연민이 겹친, '잃은 양을 찾은 목자의 모습' 같다고나 할까. 궂은일에 내색 하나 하지 않고 묵묵히 수고하는 선생님들. 행동조절이 잘 안 되는 아이들을 돌보는 것이 체력적으로나 정신적으로 얼마나 힘든 일인지, 이 일을 해본 사람이라면 금세 알 수 있다. 간혹 바지에 오줌을 지리거나 똥을 싸기라도 하면 아이를 씻기고 옷을 갈아입히는 일도 선생님들이 한다. 발달장애 아이들의 부모님이 평생 무거운 짐을 지는 데 비하자면 밀알학생부 선생님들은 잠시 잠깐씩이긴 하지만, 그 짐을 10년 넘게 함께 지다 보면 아이들의 부모와 흡사하게 닮지 않겠나 하는 생각을 해본다.

선생님들 못지않게 밀알학생부 아이들도 특별하다. 장애가 있어서 더 특별하다. 세상과 소통이 어렵다는 것 말고는 여느 아이들과 다를 게 없는 아이들, 오히려 재능이 뛰어난 아이들도 많다. 작년에 이어 올해 두 번째 미술전시회(열린행성 프로젝트)를 연 신동민, 이동민, 손유승, 김정우는 이제 제법 유명인사다. 음악예배 때 피아노 연주를 한 의준이도 솜씨가 좋다. 가까이서 보는 아이들은 저마다 문을 빼꼼히 열고 세상을 내다본다. 반갑게 인사를 하면 받아주는 아이들도 여럿이다. 웃는 모습이 상큼한 권재, 빙그레 잘 웃는 희원이, 상냥한 예진이, 래퍼 최정석, 단거리

선수 지용이, 좋아요 윤정석, 노래와 함께 겅중겅중 승원이, 박학한 연설가 경민이, 마라토너 현기…. 어찌 이루 다 헤아릴까. 이 아이들 모두가 문을 통해 밖을 본다. 그 문이 조금 열렸나 많이 열렸나의 차이뿐. 그리고 문을 여닫는 분이 주님이시라면, 문을 열고 닫을 권세가 주님께만 있다면, 우리는 그 문이 넓게 열렸네 좁게 열렸네 하며, 장애니 비장애니 부질없는 구분을 하고 있는 건 아닌가 모르겠다.

얼마 전 어느 TV에서 인권캠페인을 하면서 "인권은 장애를 넘어 사람을 보는 것"이라고 했다. 맞는 말이다. 이를 교회 식으로 조금 달리 표현하자면 "사랑은 장애를 넘어 영혼을 보는 것"이 아닐까.

처음 밀알학생부로 오면서 가졌던 오해가 이제는 사라졌다. 그 첫 번째는 분위기가 너무 무겁지 않을까 하는 거였고, 두 번째는 너무 힘들지 않을까 하는 거였다. 그야말로 모두 다 오해였다. 선생님들의 잔잔한 사랑은 장애를 넘어 순수한 어린 영혼을 보게 하고, 그 사랑은 무거운 짐을 서로 나눠지게 해 수고를 잊게 한다. 밀알학생부를 아직 잘 모르는 모든 분들이여, 와 보시라(Come and see)!

하나님의 놀라운 계획하심

밀알청년1부 최준구 어머니

"사람이 마음으로 자기의 길을 계획할지라도 그의 걸음을 인도하시는 이는 여호와시니라"(잠언 16:9).

우리 삶 가운데에는 나의 계획과 소망과는 전혀 상관없는 일들이 생기곤 한다. 그럴 때 우리는 당황하고 놀라며 어찌할 줄 몰라 힘들어할 때가 많이 있다. 나에게도 준구의 장애는 받아들이기 힘든 일이었다. 다른 아이들과 다른 모습을 보이는 아들을 보며, 시간이 조금 더 흐르면 언어발달도 정상적으로 되리라 기대했는데 장애판단을 받게 되자 하늘이 무너지는 것 같았다. 나에게 평범한 삶이 당연히 주어질 것으로 생각했는데, 참으로 힘든 시기를 보내야 했다.

준구의 인지발달을 위하여 특수교육을 받기 시작하였고, 유치원에 입학하면서부터는 원장님의 전도로 교회에 나가게 되었다. 나는 어려서부터 친구를 따라 교회에 다녔는데 고등학생이 된 이후로는 교회를 떠나 있었다. 그러던 중에 준구로 인하여 전도를 받게 된 것이다. 불교신자인 시어머니와 함께 살고 있던 나는 교회에 나가기 어려운 상황이었지만, 아들을 유치원에 보내면서 원장님의 전도를 거절하기가 어려웠다. 그래서 교회에 나가기로 약속하고 부활주일에 첫 예배를 드리게 되었다. 시어머니께서도 손

주의 일이라 반대하시지는 못하였다. 그렇게 교회에 나가게 되었고 그 후 시어머니도 전도하고 준구도 어른예배에 데리고 다니며 예배를 드리게 되었다. 우리 가족 모두 준구를 통해 교회에 다니게 된 것이다.

믿음이 연약한 나는 새벽예배, 철야 등 예배에 참석하며 하나님께 준구의 장애를 고쳐달라고 울면서 기도하였다. 또 나의 노력으로 준구를 가르치면 곧 정상적인 상태가 될 것 같은 마음이 들어서 밤늦도록 아이와 싸우면서 혈기를 부리기도 하였다. 그것은 나의 욕심이었고 아이는 나의 소망처럼 변화되지 않았다. 나는 신앙생활을 하면서 하나님은 나를 도와주시는 분으로만 생각하였다. 쉽게 변화되지 않는 준구 때문에 많이 힘들었다.

어느덧 준구가 밀알학교 고등부에 입학하면서 남서울은혜교회와 만나게 되었고, 준구는 밀알고등부에 참석하며 세례도 받았다. 현재는 밀알청년부에서 기쁨으로 예배드리고, 강남구 직업재활센터 내의 밀알보호작업장에서 열심히 근무하고 있다.

이 모든 것이 남서울은혜교회를 통하여 이루어진 일이다. 돌이켜보면 나는 준구를 고쳐달라고 기도했지만 하나님께서는 우리 가정을 구원하시기 위하여 우리의 길을 계획하셨던 것이다. 늘 찬송하기를 즐겨 하며 성경을 암송하고 성경읽기를 좋아하는 아들을 볼 때 너무도 사랑스럽다. 가정예배를 드릴 때 대표기도 하는 모습을 보면 하나님께 너무도 감사한 마음이 넘친다. 부족하지만 주신 달란트를 최대한 사용하여 하나님께 영광 돌리는 준구의 모습에서 하나님의 사랑과 은혜가 크고 놀라우심을 고백한다.

 준구의 장래도 염려하지 않고 오직 기도로 주님께 맡기면 주님께서 준구와 함께하셔서 그의 길을 형통의 길로 인도하실 것을 믿는다. 준구를 통하여 못난 나의 모습도 다듬어가시고 주님께서 사용하실 만한 그릇이 되게 하여주실 것을 기대하며 주님께 감사함으로 기도한다.

사랑이
실체가 되어

아만나부 박은주

주일 아침 8시 30분. 일가홀에서는 예배를 준비하는 손길이 바쁘다. 전자 악기들과 컴퓨터 마이크를 연결하고 의자를 정리하고 보면대(譜面臺)를 준비하면 성가대원들이 한 분씩 들어오고 지휘자님의 기도로 연습이 시작된다. 나는 그 시간(물론 늦을 때도 꽤 있지만) 피아노에 악보를 펴고 가끔은 주변을 정리하거나 먼지 쌓인 건반을 닦기도 한다.

벌써 아만나부에 온 지 8개월이 되었다. 지난해 주보에는 아만나부 반주를 구하는 광고가 몇 차례 실려 있었다. 그 광고는 내마음에 알 수 없는 부담을 주었고 그러기를 몇 차례, 언제부터인가 광고가 사라지자 나는 마음을 놓았다.

2013년 1월, 잘 아는 집사님으로부터 전화를 받았다.

"아만나부 반주 할 수 있겠어? 2달만 하면 된대. 반주하시던 집사님이 미국에 가셔서…."

'아… 내가 해야겠구나.'

처음 아만나부에 간 날, 꿔다 놓은 보릿자루처럼 피아노 앞에 앉아 있던 나를 총무 집사님께서 앞으로 부르셨다.

"아만나부에 어떻게 오게 됐어요?"

아무 생각 없는 나에게 질문하신다. 계속해서 횡설수설 대답하는 나.

그런 내 앞에서 목사님은 "2개월만 하실 거예요"라고 거드셨고, 나는 그 말씀을 들으며 "저는 가능하면 여기서 계속 있고 싶은데…"라며 말도 안 되는 소리를 나도 모르게 하고 있었다.

그렇게 해서 2개월을 훌쩍 넘긴 지금, 찬양시간 시각장애 집사님의 반주는 눈뜬 나를 부끄럽게 한다. (나중에 들은 얘기지만 한 시각장애 집사님은 뜨개질을 하셔서 옷을 만들어 입고 다니신단다. 나는 아직 믿을 수 없다.) 예배시간에 모두 함께 나누는 악수는 늘 어색하지만 신선하다. 남자 시각장애 집사님의 팔짱을 꼭 끼고 손을 잡고 걸어가는 여자 집사님의 모습은 감동으로 남아있다. (이 두 분은 부부가 아니다.) 건장한 청년을 휠체어로, 또 차로 옮기시는 집사님이 보인다. 식사를 하면서 옆에 있는 장애인에게 밥을 떠먹여주시는 집사님의 수고를 보게 된다.

사랑이 실체가 되어 내 눈앞에 있다. 하나님의 사랑이 사람들 속에 흐르고 있다. 그런데 정작 이분들은 봉사하고 있다는 개념도 없으신 것 같다. 이미 한 가족이 된 듯하다. 예수님의 한 지체됨이 여기에 있다.

여름이 끝나갈 무렵 총구 집사님께서 봉사자 MT를 갈 수 있는지 물어오셨다. 지난번 스련회도 안 간 나로서는 거절하기가 죄송했다. 그렇게 가게 된 MT는 오랜만에 호사였다. 가족도 잊고

식사준비도 안 하고 전기료 걱정 없이 에어컨 빵빵한 콘도에서 1박 2일을 보내던 중 전도사님께서 글을 써볼 수 있겠냐고 하셨다. 얼떨결에 대답하고 쓰게 된 글. 세상에 사연 없는 사람들이 없지만 누구보다 가슴 아픈 사연을 가진 사람들, 이 글을 쓰면서 슬픔을 지니고 살아온 그분들을 생각하며 짧은 기도를 하곤 했다. 혼자 먹먹해하고 또 감사하면서 행복한 시간을 보냈다. 그분들의 삶이 좀 신났으면 좋겠다는 생각도 했다. 그리고 내가 알지 못하는 길로 인도하시는 하나님을 생각했다.

  하나님은 그분이 만드시고 보시기에 좋았던 사람들, 그들이 사는 세상을 내게 보여주시고 거기서 살아가라 하셨다. 서로 친구가 되고 가족이 되라 하셨다. 아직 나는 그저 바라보고 있지만 조금씩 발을 내딛고 손을 내밀게 될 것을 안다. 지금까지 나를 이끄신 그분이 나를 위해 지금도 그렇게 일하심을 안다. 이제 내가 사람들 속으로 들어가고 사람들이 내 안으로 들어오고 있다.

기억의 강

아만나부 지운숙

조석으로 불어주는 선선한 바람이 좋기만 하다
어제의 땡볕을 잊어가듯
지나간 그날과 시간들
기억의 강 저편을 무심히 바라 본다

어느 날
갑자기 장애인이 되었던
그 지리멸렬한 시간들
아무런 살아야 할 이유 없어
특별히 기쁠 것도
특별히 슬플 것도 없었던
그런 일상들
뒤뚱뒤뚱 걸음걸이
나로부터의 회피
기억 그물망에서는
까만 글자와 숫자들
후 후 바람 따라 빠져 간 다
잃어버린 건, 강, 가, 정, 돈, 하, 나, 님, 친, 구, 사, 랑,
홀로 내던져진 미로에

캄캄한 두려움 되어
모두 포기했을 때

성경말씀 회오리 되어 나를 불러
뒤돌아보았던 순간
갑자기 비쳐오는 섬광 같은 햇살
하나님?
하나님…
하나님!
지금 여기에
계 셨 네 요

믿음의 성숙, "1+1=1"

밀알학생부 장철

할아버지를 따라 가게 된 성당에서 견진성사(堅振聖事)까지 받고 신부님 복사(服事)를 하면서 예수님을 만나게 된 어린 초등시절 이후, 줄곧 성경의 문턱에도 가지 못하고 세월을 보냈다. 결혼하기 한 달 전인 1983년 11월 장모님으로부터 내 이름이 새겨진 성경을 선물 받게 되었고, 하나님을 믿고 교회에 잘 나가겠다고 덜컥 약속을 하였다. 그러나 이것도 형식적이었을 뿐 믿음은 어디에서도 찾아볼 수 없었다.

아내와 함께 집 근처 교회와 대형 교회에도 가보았지만 나의 신앙은 자라지 않았다. 그러던 중 1997년 어느 날, 처남의 소개로 남서울은혜교회를 방문하게 되었다. 홍정길 목사님의 설교를 처음 들었을 때 지난날의 생각과 그 당시의 현실이 뒤범벅되면서 알 수 없는 느낌에 벅차올랐다. 그로 인해 꾸준히 아내와 함께 교회를 다니게 되었다. 그럼에도 불구하고 하나님을 깊이 알지도, 인격적으로 만나지도 못한 채 이전 행동과 생각으로 살아갔다.

2000년 여름, 아내의 권유로 아무 생각 없이 밀알학생부 여름수련회에 참석하였다가 이서준 학생을 만났다. 2박 3일간 함께한 시간이 며칠 동안 나의 마음속에서 떠나질 않고 있던 그때, 당시 밀알학생부 교사였던 유홍자 집사님과 아내의 적극적인 권유로 엉겁결에 밀알학생부 교사를 시작하게 되었다. 이와 동시에 매주 토요일 산행(山行)하는 '밀알천사'에도 열심히 참여하게 되었다.

나는 장애인 부모님의 수고를 조금이나마 덜어드리기 위해 봉사하기로 했던 것이었다. 그러나 그것은 봉사가 아니라 분명코 섬김이었고 나에게는 믿음과 생활의 엄청난 변화를 가져왔다. 장애인과 함께하는 나의 눈에는 하나님 나라가 펼쳐졌다. 목사님의 말씀들이 감동으로 와 닿고 하나님의 알 수 없는 크고 오묘한 비밀에 대한 갈증이 생겼다. 밀알학생부 봉사가 끝나면 피곤한 몸으로도 성경공부에 꾸준히 참석하면서 말씀의 깊이와 넓이를 알아갔다. 은혜를 경험하면 할수록 깊은 변화를 체험하였다.

장애인을 위해 봉사하는 것이 아니라 마음의 장애를 가진 내가 오히려 하나님의 돌보심과 섬김을 받는다는 생각을 하게 된다. 그것은 엄연한 사실이고, 나의 변화가 그 증거이다. 눈으로 볼 수 없고 손으로 만질 수 없으나 지금까지 살아계시고 늘 우리와 함께하신 하나님의 무한한 사랑이 있었기 때문이다. 나와 함께한 부모님과 가족, 살아오면서 만난 친구와 주위 분들, 오늘의 믿음으로 이끌어준 아내와 아들에게 고마운 마음을 전한다. 내 사업을 통해서 보여주신 의미 없는 성공과 귀한 실패, 서준이를 통한 내 삶의 변화, 이 모든 것들에 오직 감사할 따름이다.

하나님의 섭리 안에서 함께했던 준엽이, 영규, 태준이, 현기와 지금 함께하고 있는 찬영이, 이들 모두가 나의 귀한 보물임을 깨닫는다. 이제 어둡고 긴 터널을 지나 출애굽한 심정으로 살고자 한다. 나에게 하나님과의 만남은 "1+1=2"가 아니라 "1+1=1", 즉 하나님과 내가 하나가 되는 기적 같은 은혜라 말하고 싶다.

예수님과 함께 동행하는 삶

밀알청년1부 박용식

우리 밀알청년1부는 20세 이상 30세 이하의 발달장애(자폐, 지적장애)를 갖는 청년들과 교사들이 함께하는 성령충만, 감사충만, 그리고 사랑충만으로 하나된 가족공동체입니다. 하나님은 한 사람 한 사람을 사랑하시고 예배자로 부르시고 세우셨습니다. 장애인과 비장애인 모두가 차별 없는 참 예배자들입니다. 이러한 믿음으로 우리 청년들과 교사들은 함께 동행하는 예배공동체로서 예수님을 닮아가고 예수님을 따라가며 하나님의 영광을 풍성하게 경험하고 있습니다.

밀알청년1부 예배 시간에 우리는 찬양, 기도, 말씀 앞에 진실된 예배자가 되어 하나님께 영광 돌리고, 사랑의 교제 가운데 너무나 많은 주님의 축복을 함께 누리고 있습니다. 주님의 사랑으로 모인 우리의 예배 가운데 예수님이 좋아지고 예수님을 더욱 사랑하게 되어, 함께 예수님과 동행하는 삶을 살아가게 됩니다. 특별히 청년들에게 성경을 암송하고 묵상하게 교육함으로써 말씀으로 충만한 삶을 살아가도록 돕고 있습니다.

교사들도 그들을 교육하고 섬기는 가운데 믿음의 도전과 한없는 은혜를 받고 있습니다. 이런 면에서는 오히려 그들에게 섬김을 받고 있는 것이라고 말할 수 있겠습니다. 예수님은 나의 구원자이시며 주인 되심을 청년들이 스스로 고백하도록 교사들은 그들을 교육하고 섬기고 있습니다. 그리고 그들의 고백이 비장애인들의 고백처럼 유창하지는 않더라도 우리는 그들의 예배하는 모습과 신앙고백 가운데 주님께서 영광 받으심을 확신하게 됩니다. 이것은 직접 경험하지 않고는 알 수 없는 감동적인 사실입니다. 또한 하나님께서 그들을 우리에게 보내주셨다는 것을 깨닫게 됩니다.

그들과 동행하면서 발견하게 된 것은 하나님은 우리 청년들 개개인에게 너무나 많은 달란트를 주셨다는 것입니다. 많은 사람들이 알지 못하는 세상의 소식을 빠짐없이 전해주는 동균 청년, 매주 성경 말씀을 한 글자도 틀리지 않고 외우고 또한 마라톤을 잘 하는 준구 청년, 공과활동 및 미술시간에 색채를 균형있게 배열하는 천재화가 호연 청년, 영어단어를 모르는 것 없이 다 알고 있는 한민 청년, 찬양을 잘 이끌어가는 형우 청년과 찬양을 잘 부르는 연수 청년, 사회적응훈련 할 때 뒤처진 청년들의 손을 잡고 목적지까지 인도하는 병하 청년 등, 이토록 우리 청년들은 많은 달란트를 가지고 있답니다. 최고가 아닌 최선을 다하는 그들의 모습 가운데 우리 교사들은 청년들에게 베푸는 것보다 받는 것이 너무나 많다고 느끼고 깨닫게 됩니다. 그리고 무엇보다 우리 천사들을 통하여 영적으로 감사의 충만을 누리고 있습니다.

청년들과 예배드리고 사회적응훈련으로 야외활동을 할 때 여러 가지 어려움이 있지만, 그런 시간들이야말로 청년 개개인의 특성을 알게 되는 계기가 됩니다. 그리고 함께 동행하면서 이 청년들이 작은 것에 기뻐하고 맛있는 것이 있으면 먹고 싶어 하며 좋아하는 것을 볼 때는 마냥 좋아하는 어린 천사와 같은 순수한 모습들을 발견하게 됩니다. 어느새 제 마음 한쪽을 그 어린 천사들이 차지하고 있습니다. 그들이 보고 싶어 주일날이 기다려진답니다. 멀리서 볼 때는 잘 알 수 없었던 발달장애 청년 한 사람 한 사람이 귀한 보배이며, 우리 청년들을 통하여 하나님께서 반드시 하실 일들이 있다는 것을 알게 되었습니다.

모든 교육부서의 사역에는 기도의 능력이 필요하겠지만, 특별히 장애인 부서의 사역 현장에서는 우리 힘으로는 할 수 없음을 깊이 깨닫기에 더욱 기도하게 되고 전적으로 주님을 의지할 수밖에 없습니다.

그리고 밀알청년1부 교사로 섬기면서 개인적으로 변화된 부분이 있습니다. 그것은 바로 자녀관입니다. 지금까지 나눈 이야기를 바탕으로 세상적인 자녀관에서 성경적인 자녀관에 눈을 뜨게 되었던 것입니다. 잊고 살았던, 아니 마음속에 잠들어 있었던 소중한 가치들이 잠에서 깨어 나의 자녀들이, 우리 모두의 자녀들이 소중하다는 것을 알지 해주었습니다.

　많은 성도분들은 장애인 부서를 섬기는 일이 어렵다고 생각하실 수도 있습니다. 하지만 우리 모두 주님의 제자로서 섬길 대상자를 가리지 않기를 소망해봅니다. 예수님이 섬기셨던 사람들에 대해서 생각해보시길 원합니다.

　예수님은 이 세상에 계실 때 누구보다도 연약한 자, 고통 중에 있는 병자들을 돌보시고 그들의 고통에 함께 아파하셨습니다. 그들을 사랑하셨습니다. 그리고 그들을 회복시키셨습니다. 이와 같이 주님이 주신 사명을 이어받은 남서울은혜교회 많은 성도분들이 장애인들과 함께 손잡고 동행하여서 풍성한 은혜를 누렸으면 합니다.

하나님은
포기하지 않는
분이십니다

밀알청년1부 이인석 어머니

오늘은 인석이가 밀알청년부에서 2박 3일 동안 제주도로 여름 캠프를 떠났습니다. 한 달 전부터 제주도 가는 비행기 타기를 기다려온 인석이는 아침에 교회에 모여서 출발예배를 드리면서부터 마음은 벌써 제주도에 가 있는지 엄마랑 인사하는 것도 대충하고 버스에 오르기 바쁘네요. 장마 때인데도 출발하는 날에 비도 오지 않고 좋은 날씨 주심에 감사드리며 저도 2박 3일 휴가를 시작합니다.

지금 돌이켜보면 인석이를 키우면서 힘든 점도 참 많았지만 때마다 필요한 부분을 채워주셨던 하나님의 은혜가 있었기에 지금까지 잘 지낼 수 있었음을 고백합니다. 지금 인석이는 혼자 출퇴근도 하고, 간단한 심부름도 하고, 교회예배도 잘 참석하는 멋진 청년으로 생활하고 있습니다.

처음으로 인석이가 다른 아이들과 다름을 알고 특수교육을 시작할 때만 해도 '몇 년 교육받으면 괜찮아지겠지' 하는 마음으로 교육을 시작했습니다. 언어치료, 심리치료, 음악치료…. 매일매일 인석이 교육시키느라 하루가 어떻게 가는지도 모르게 지나갔습니다. 그때만 해도 내 힘으로 노력하면 인석이가 다른 일반 아이들처럼 자랄 수 있다고 믿었으니까요. 그러다 특수교육 강의를 듣고 공부를 하면서 이 장애가 정말 평생을 같이 가야 할지도 모른다는 것을 알고부터 절망하고 또 절망했습니다.

'왜 인석이가 장애를 가지고 살아야 하나.'

'왜 내 아들이어야 하나….'

그때도 신앙생활을 하고 있었지만 아무런 위로도 되지 못했습니다. 그러던 어느 날, 인석이가 유치원에 다닐 때쯤 경기를 하면서 갑자기 쓰러지게 되었습니다. 그 모습을 보면서 정말 많이 울었습니다. 당황하고 어떻게 해야 할지 앞일이 막막했지요. 기도했습니다. 제 욕심 다 내려놓을 테니까 인석이 건강하게만 해달라고, 정말 건강만 하다면 더 이상 욕심 부리지 않겠다고 다짐했습니다. 그러면서 '내려놓음'을 배운 것 같습니다.

인석이는 초등학교 6년간은 일반학교에 개인 모니터 선생님과 같이 다니면서 도움을 받았습니다. 지금도 인석이는 초등학교 5학년, 6학년 때 앨범을 자주 보고 그때 친하게 지냈던 친구들 이름을 다 기억해서 말하곤 합니다. 그때의 기억이 인석이에게 좋은 시간으로 기억되고 있나 봅니다. 통합교육의 효과를 많이 보았던 시기였습니다. 초등학교를 졸업하고 밀알학교에 입학해서는 중·고등부를 다니겨 학교에서 인석이가 할 수 있는 활동들을 하나하나 해나가며 자신감도 많이 얻고 얼굴표정도 많이 밝아졌습니다. 수준에 맞는 교육을 통해서 많은 도움을 받게 되었습니다. 인석이는 올해 2월 밀알학교를 졸업하고 지금은 '커피지아'라는 사업장에서 일하고 있습니다. 처음에는 적응하는 데 어렵기도 했지만, 지금은 그 고비를 잘 견디고 해야 할 일을 성실하게 잘 해나가고 있습니다.

어느새 엄마 키보다 훌쩍 커버려 이제는 청년이 된 인석이를 바라보면, 정말 때마다 시기마다 하나님은 잘 준비하고 계셨다가 인석이를 그곳으로 인도하셨구나 하고 느낍니다. 하나님을 알지 못했다면, 또 인석이를 우리 가정에 보내주지 않으셨다면 내가 얼마나 교만하게 살았을까 생각해봅니다. 인석이를 통해서 또 다른 세상의 아이들을 알게 하시고 겸손하게 순종하는 마음도 주셨으니까요.

"아무것도 염려하지 말고 다만 모든 일에 기도와 간구로, 너희 구할 것을 감사함으로 하나님께 아뢰라 그리하면 모든 지각에 뛰어난 하나님의 평강이 그리스도 예수 안에서 너희 마음과 생각을 지키시리라"(빌립보서 4:6~7).

앞으로도 계속 많은 어려움이 있겠지만 이 말씀을 붙잡고 살고자 합니다. 끝까지 나를 포기하지 않으시는, 인석이를 포기하지 않으시는, 우리의 길을 예비하시는 하나님이 계시기에 오늘도 감사하는 마음으로 하루를 보냅니다.

공평하신 하나님

밀알청년2부 황유선

우리 교회 성도로서 한 번쯤 밀알부서에서 봉사하고 싶다는 마음을 가지고 있던 중 우연한 기회로 4년 전부터 밀알청년2부에서 봉사하게 되었습니다. 제 마음을 아시고 밀알청년2부로 인도해주신 하나님 은혜에 감사를 드립니다.

밀알청년2부에서 봉사하게 된 첫 주일을 잊을 수가 없습니다. 떨리는 마음으로 예배드리는 장소인 월남홀에 들어서는 순간 형제자매들이 어찌나 반갑게 맞아주는지 오래전부터 알고 지내던 사이처럼 가깝게 느껴졌습니다.

예배를 시작하면서 "축복합니다"로 서로 악수하며 안아주는 시간이 있었는데 첫날이라 가만히 그 자리에 서있었습니다. 그런데 저에게 형제자매들이 먼저 와서 "축복합니다" 하면서 악수를 청했습니다. 봉사로 섬기려고 간 곳에서 오히려 환영을 받았습니다. 저는 그날 "축복합니다"를 남서울은혜교회를 다닌 이래로 가장 많이 들었습니다. 부족한 저를 어느 누가 그렇게 반갑게 맞아주겠습니까? 지금 생각해도 너무 기쁜 날이었습니다. 밀알청년2부는 그런 축복이 있는 곳입니다. 예배드릴 때는 성도들보다 아멘 아멘 소리를 더 크게 합니다. 목사님이 설교하시면 즉각 반응해줍니다. 설교하시는 목사님도 너무 행복해하십니다.

첫 주는 정신없이 지나가 버리고 둘째 주를 맞이하면서 밀알청년2부에서 가장 나이 많은 봉정근 형제(50세)와 함께 찬양하며 예배드리고 성경공부도 하게 되었습니다. 나이가 많은 형제라 조금은 서먹했는데 형제가 먼저 악수를 청해주어서 고마웠습니다. 매주일 봉정근 형제를 만나면서 그가 순수하고 배려심이 많은 형제임을 알게 되었습니다. 그 후로 핸드폰 번호도 주고받고 전화도 자주 하는 사이가 되었습니다. 거의 매일같이 전화로 본인의 안부를 전해주고 가끔은 저의 안부도 묻습니다. "선생님, 00복지관에서 운동하고 점심 먹고 집에 가고 있어요. 주일에 만나요. 안녕히 계세요"라는 간단한 내용이지만 전화를 받고나면 제 마음까지 순수해집니다. 이런 곳이 밀알청년2부입니다. 서로 아껴주고, 서로 섬기며, 서로 기도해주는 참 좋은 부서입니다.

저는 밀알청년2부에 오기 전에는 나름 봉사도 하고 성경공부도 하고 공동체에서 나눔도 하면서 누구나 다 살고 있는 평범한 삶을 사는, 내세울 것도 가진 것도 없는 사람이라고 생각하며 살았습니다. 그런데 형제자매들을 보면서 제가 얼마나 많은 것을 가진 사람인가를 깨닫고 주님께 회개기도와 감사기도를 드렸습니다.

이런 찬양이 있습니다.

"공평하신 하나님이 나 남이 가진 것 나 없지만 공평하신 하나님이 나 남이 없는 것 갖게 하셨네."

남이 가진 것만 보이고 내가 가진 것이 보이지 않는 분들 계시면 저희 부서로 오세요. 환영합니다. 축복합니다.

밀알청년2부 공동체에 주님이 함께 계심으로 어떤 어려움, 어떤 시험이 닥쳐와도 흔들리지 않는 믿음 주시길 간구합니다.

장애,
그 아름다운
또 하나의 기회

아만나부 장은희

지난주에 아는 목사님 댁에 결혼식이 있어 남편과 다녀왔어요. 파란 가을 하늘에 잘 어울리는 코스모스 숲길 안쪽에서 진행된 결혼식은 축복과 기쁨 그리고 반가운 만남으로 소란스러웠지만 그 소란스러움마저도 사랑스러워 조금도 부담스럽지 않고 즐거웠지요. 새 가정을 이룬 신랑신부를 마음껏 축복하고 마음속에 미리 준비한 축하의 말을 건넸어요. 한껏 고운 멋을 부린 신랑신부는 기쁨으로 얼굴에 빛이 나던 걸요.

문득 15년 전 저의 결혼식 때가 생각났어요.

저도 꼭 이맘때, 마치 은행나무가 훈장을 가득 달고 장군처럼 늠름하게 서있는 듯 보이는 늦은 가을에 결혼식을 했답니다. 저는 이번에 본 신부처럼 꽃다운 나이도 아니었고, 눈을 황홀하게 할 만큼 아름다운 드레스도 입지 못했어요. 전 눈가에 잔주름이 보이는 서른다섯 늦은 나이였고 심한 장애로 맞는 드레스가 없었지요. 보통 사람들에게는 쉽고 평범해 보이는 일도 일단 장애라는 것을 한 번 거치게 되면 까다롭고 복잡해지기 마련입니다. 우여곡절 끝에 한복을 입고 결혼을 하였어요.

결혼 전까지 전 매사에 자신이 넘치고 사람들과의 관계에도 적극적인 성격이었어요. 무엇이든지 제가 더 열심히, 조금 더 노력하면 그리 어려울 것이 없었고, 솔직하게 마음을 먼저 열고 다가

갔을 때 누구라도 거리낌 없이 금세 친구가 되곤 했어요. 그래서 비록 지체 2급의 장애인이었지만 대학까지 남들처럼 똑같은 과정으로 마칠 수 있었나 봅니다. 그 이후에 취업, 말하자면 돈벌이도 그리 어렵지 않았어요.

그런데 제가 좌절하게 된 것은 바로 결혼이라는 문제를 만났을 때부터입니다. 결혼은 정말 제가 아무리 노력해도 가서 닿을 수 없는 어떤 섬과 같았답니다. 도저히 저 혼자만의 노력으로는 어림도 없었고 친구들은 다 연애도 잘하고 결혼도 잘하는데 저에게는 꿈만 같은 일이었어요. 저뿐 아니라 장애인들이라면 아마도 충분히 공감할 수 있을 것 같아요. 결혼 적령기가 지나가도록 누군가에게 저도 결혼하고 싶다는 말을 꺼낼 수조차 없었지요.

"그 몸으로??"

"너 혼자 몸도 힘든데 결혼이라니…?"라고 남들이 수군대는 소리가 마치 제 귀에 들리는 듯했으니까요.

친구들이 결혼하면서 하나둘 제 곁을 떠날 때 전 불안해졌고, 저도 짝을 찾아 결혼하고 싶었지만 어디 가서 누구에게도 저의 마음을 털어놓을 수 없었답니다.

할 수 없이 전 속마음을 감춘 채 절대로 결혼 같은 것 하고 싶지 않다는 표정을 지었고 혹시라도 제 마음이 들킬까봐 더욱 하고 있던 일에만 열심을 냈어요. 그래도 제 마음 한 켠에는 늘 허전하고 쓸쓸한 생각이 들었어요. 도대체 난 결혼을 하기는 할 수 있을까, 나의 장애를 있는 모습 그대로 보아주고 사랑해줄 한 사람이 그래도 어딘가에는 있지 않을까 하는 기대를 조금도 버리지 않고 말이에요.

그러다 지금의 남편을 만나 드디어 저도 그토록 꿈꾸던 결혼이라는 것을 하게 됩니다. 지금 생각하면 전 결혼에 대해 솔직하지 못했고, 그만큼 나이를 먹도록 결혼에 대해 진지하게 생각하지 못한 채 오직 사랑받아야겠다는 마음으로 그것만이 행복이라 굳게 믿고 있었으니, 저의 이런 미숙한 생각은 살면서 서로를 참 힘들게 한 부분이라 생각합니다. 더군다나 남편 역시 저처럼 나이만 먹은 성인아이 같은 사람이었으니까요.

아무 마음의 준비 없이, 결혼에 대해 어떤 것도 학습되지 않은 상태에서 시작된 결혼생활은 서로에게 참 많이 힘든 시간이었습니다. 남편은 심한 알코올중독자였고, 남편의 알코올 문제는 우리 가정을 피폐하게 만들었어요.

그 와중에 연년생 남매가 태어났고 전 더욱 힘들어져서 날마다 울면서 이 결혼을 무르고 싶은 마음밖에 없었답니다. 그러나 제가 이제 와서 결혼생활을 유지하지 못하겠다고 하면 사람들은 그럴 줄 알았다는 듯이 장애인 가정이라 역시 문제가 많다고 할까 봐, 겉으로는 내색하지 않으면서 아이 둘과 이 상황을 억지로 억지로 이겨내고 있었지요.

남편을 생각하면 원망과 미움이 앞섰지만 하나님께서는 남편에게서 제 모습을 발견하지 하시고 불쌍한 마음을 주셨습니다. 그런 제 마음을 아시는지 하나님께서 놀라운 방법으로 남편을 알코올중독에서 건져주셨습니다.

이제 아이들도 제법 커서 중학생입니다. 장애인 엄마, 알코올중독자였던 아빠. 결코 평범하지 않은 부모 밑에서 나름대로 힘든 시간들을 지냈지만 감사하게도 바르게 자라 다른 연약한 사람들의 필요를 먼저 돌아볼 줄 아는 아이들이 되었습니다. 남편도 더 이상 술 문제로 방황하지 않고 조금씩 노력하는 모습을 보입니다.

정말 멀고도 먼 길을 돌아온 것만 같습니다.

이제 혹독한 고생 끝에 이만큼이라도 서서 되돌아보니 누구보다도 장애인들의 결혼이 절실하게 마음에 다가옵니다. 그들을 돕고 싶은 마음으로 저는 작지만 결코 작지 않은 꿈을 하나 갖게 되었습니다. 깊어가는 가을 여기저기에서 더 많은 결혼소식이 들려올 텐데, 그중에서도 누구보다 소중하고 아름다운 장애인들의 결혼 소식이 많이 들려올 수 있도록 장애인 결혼 상담실을 운영하는 것입니다.

결혼 적령기가 지나도록 누구에게도 아픈 속마음 털어놓지 못한 채 끙끙 앓고 있는 형제자매들이 분명히 있을 텐데, 그들이 마음껏 결혼에 대한 생각을 털어놓으며 또한 자유로운 만남을 가질 수 있도록 편안한 만남의 자리를 주선해주고 싶습니다. 아무래도 누군가가 나서서 멍석을 펼쳐주면 장애인들도 좁은 공간에서 나오게 될 테고, 전 따뜻한 커피라도 준비해서 기꺼이 그들을 돕고 싶은 마음인 것이지요. 또한 결혼을 꿈꾸는 장애인에게 결혼은 마냥 핑크 커튼이 둘러쳐진 환상이 아니라 진심으로 살아내야 할 삶이라는 것을 알려주며 오래오래 그들이 행복하도록 돕고 싶습니다.

그리고 될 수 있으면 모든 장애인들에게 저처럼 오래 방황하지 않고 아름답고 진실한 가정을 이룰 수 있는 기회가 많아지기를, 그리하여 장애는 걸림이 아니라 또 다른 기회가 될 수도 있음을 모두에게 알리고 싶은 마음이 가득합니다. 이 가을에 장애인들의 결혼 소식이 더 많이, 더 자주 들리기를 소원합니다.

제가 이 꿈을 속히 꼭 이룰 수 있도록 응원해주세요.

어머니의 노래

밀알청년1부 신용세

이 글은 5월 가정의 달을 맞아, 밀알청년1부 배희중 청년의 초등학교 시절부터 '밀알천사산행' 만남을 통해 지금까지 15년 가까이 희중이를 섬기며 동고동락해왔던 신용세 집사가 발달장애 유소년 희중이의 마음으로 돌아가 발달장애 부모님들의 애환과 희망을 노래한 글입니다.

며칠 전부터 엄마의 태도가 이상해졌습니다.
엄마의 눈빛에는 어린 내가 보기에도 무엇인가 큰일을 결행하려는 것처럼 비장함이 서려 있었습니다.

주일 오후 평상시와는 다르게 갑자기 많은 밑반찬을 만들어 냉장고에 넣어두셨습니다.

월요일이 되었습니다. 이번에는 아빠가 입으실 1주일분 이상의 와이셔츠와 내의를 아빠 옷장에 차곡차곡 넣어두셨습니다.

엄마의 알 수 없는 비장함은 점점 더해만 갔습니다. 나는 왠지 초조해지기 시작했습니다.

또 하루가 지나고 화요일이 밝았습니다. 엄마는 아침식사를 하시고 나서 빛바랜 사진첩에서 우리 가족사진을 꺼내드시고는 혼잣말로 말씀하셨습니다.

"여보! 미안해, 이렇게밖에 할 수 없었어. 나중에 봐요."

옆에서 보니 엄마의 눈가에 이슬이 맺혀 있었습니다. 나는 엄마가 아빠와 부부싸움을 하고 마음을 달래기 위해 나를 데리고 어디론가 훌쩍 여행을 떠나는 것인 줄만 알았습니다.

엄마와 나는 깨끗한 봄나들이 복장을 하고 엄마 승용차에 올랐습니다. 엄마가 운전하시는 차가 경부고속도로에 들어서서 계속 달리더니 신갈인터체인지에서 강릉 가는 영동고속도로로 접어들었습니다. 엄마는 찬송가 214장(나 주의 도움 받고자)을 부르시기 시작했습니다.

'아항! 그러면 그렇지. 아빠와 말다툼하시고 속이 상해 강원도 원주 외할머니 댁에 가셔서 넋두리 하실 모양이구나'라는 생각이 들었습니다.

차창 밖에 비치는 풍경은 아름답고 하늘은 푸르고 높아 보였습니다.

조수석에 앉아 있던 나는 안심이 되어 나도 모르게 그만 스르르 잠이 들었습니다. 꿈속에서도 나는 엄마와 같이 차를 타고 영동고속도로를 계속 달리고 있었습니다.

그런데 이게 웬일입니까. 갑자기 엄마가 몰던 차가 원주 방향으로 가지 않고 여주나들목을 빠져나가더니 여주대교 방향으로 달리기 시작했습니다.

평안하던 내 마음이 갑자기 다시 불안해지기 시작했습니다. 옆의 엄마를 바라보니 전쟁터에 나가는 전사의 단호함이 서려 있었습니다.

엄마가 여주대교 입구 100m 전에 차를 세웠습니다. 부르시던 찬송을 그치시고 갑자기 우시면서 이렇게 기도하는 것이었습니다.

"하나님!
잠시 후에 뵐게요.

죄송해요. 하나님! 이럴 수밖에 없는 저의 마음을 용서해주세요.
저와 희중이를 물리치지 마시고 꼭 받아주세요.
여보! 나중에 천국에서 봐요."

나는 정신이 번쩍 들었습니다. 엄마가 결행하려는 행동이 무엇인지 금방 알아차렸습니다.

먼저 안전벨트를 푸신 엄마가 나의 안전벨트도 풀었습니다. 나는 잠들어 있었기 때문에 빨리 깨어나 엄마의 행동을 말려야겠다고 꿈속에서도 또렷이 생각하고 있었습니다.
"하나님!
제발 제가 잠에서 깨어나게 해주세요. 엄마의 행동을 제발 말려주세요."

위기의 순간이 점점 다가오고 있었습니다. 아무리 기도하고 몸부림쳐도 잠에서 깨어나질 않았습니다.

드디어 엄마가 전속력으로 차를 몰며 다리 중간지역으로 돌진하기 시작했습니다. 큰일 났습니다. 나는 다시 한 번 크게 기도

하기 시작했습니다.

"사자굴 다니엘의 하나님! 골리앗 앞에 선 소년 다윗의 하나님! 제발 저를 깨워주세요!"

이때 하나님의 음성이 다급하게 들려왔습니다.
그 음성은 아브라함 할아버지가 아들 이삭을 모리아 산에서 하나님께 제물로 바치기 위해 죽이려고 칼을 빼어든 순간 외치시던 하나님의 음성과 똑같아 보였습니다.
"희중아! 희중아! 빨리 일어나라! 어서!"

나는 눈을 번쩍 떴습니다.
그러고는 몸을 벌떡 일으켜 엄마를 향해 살포시 웃었습니다.
"엄마, 이건 안 돼요."
마음은 있었지만 표현할 수가 없어서 우선 다급한 대로 웃어 보였던 것입니다.

그 순간 나의 배시시 웃는 얼굴을 보시고 엄마의 비장한 얼굴빛이 금세 누그러졌습니다. 달리던 차는 멈추어 섰고 다리 중간의 차 안에서 엄마는 나를 끌어안고 엉엉 우시기 시작했습니다. 나도 따라 같이 울었습니다. 이 순간만은 아니 영원히 엄마의 심정을 이해할 수 있을 것 같았습니다.

나는 속으로 말했습니다.
'엄마, 힘드시죠. 저 희중이 엄마 마음 잘 알아요. 이제부턴 절대로 엄마 힘들게 하지 않을게요. 꼭 엄마의 희망이 되어 드릴게요.'

돌아오면서 그동안 엄마를 힘들게 했던 나를 원망하였습니다. 반드시 엄마의 소망을 이루어드려야겠다고 결심하였습니다.

모두들 잘 읽으셨나요?
이것은 수년 전 엄마와 내가 겪은 아찔한 기억의 한순간이었습니다.

엄마는 기쁠 때나 힘들 때나 찬송가 214장(우리 엄마가 제일 좋아하시고 자주 부르시는 찬송) "나 주의 도움 받고자…"를 애송합니다. 자신을 지금의 모습 그대로 바치기를 원하고 계십니다.

엄마는 나의 형님을 낳은 지 삼일 만에 잃었다고 합니다. 수년 후 떡두꺼비 같은 나를 낳고 매우 기뻐하셨는데 두어 살 때부터 자기 안의 세계에서 노는 것을 보시고 답답하고 힘든 나날을 보내오셨습니다.

그러나 엄마는 언제나 나에게 평안한 보금자리가 되어주고 싶어 하십니다. 반복되는 일과에 지치고 힘들어하는 나를 안타깝게 바라보십니다. 엄마는 나로 인해 더욱 강한 신앙심을 얻고 사랑을 알게 되었답니다.

어린이를 사랑하신 예수님께서 내게 준비해두신 꿈을 주시고 그 꿈을 이루기 위해 내가 멀리 그리고 높이 날아갈 것으로 믿고 항상 기도하고 계십니다.

이것은 엄마의 작은 소망이며 기도제목입니다. 끊임없이 기도하며 예수님을 의지하고 이 세상을 사랑으로 채우기를 바라고 계십니다.

높고 높은 하늘보다도 더 높고, 넓고 넓은 바다보다도 더 넓은 엄마의 사랑을 난 피부로 느끼며 살아가고 있습니다. 나는 세상에서 가장 행복한 사람입니다.

답답하고 힘드신 엄마의 마음을 풀어드리는 길은 내가 빨리 밖의 세계로 힘차게 뛰어나가는 것입니다. 그리고 내 입으로, 그것도 큰소리로 "엄마! 사랑해요"라고 외치는 것입니다.

가정의 달을 맞이하여 나는 다음과 같이 결심했습니다.

하나, 나는 반드시 엄마의 희망이 되고 아빠의 소망이 될 것이다.

둘, 나는 반드시 몸을 가볍게 만들어 예전의 멋쟁이 희중이로 거듭나 아우들의 손을 잡고 청계산을 오를 것이다.

셋, 나는 하나님께서 예비해두신 꿈을 이루고 높이 멀리 날 것이다.

밀알천사 가족 여러분! 감사합니다.

어머니의 노래

나 주의 도움 받고자 주 예수님께 빕니다
그 구원 허락하시사 날 받으옵소서
내 모습 이대로 주 받으옵소서
날 위해 돌아가신 주 날 받으옵소서

큰 죄에 빠져 영 죽을 날 위해 피흘렸으니

주 형상대로 빚으사 날 받으옵소서

내 모습 이대로 주 받으옵소서

날 위해 돌아가신 주 날 받으옵소서

내 힘과 결심 약하여 늘 깨어지기 쉬우니

주 이름으로 구원해 날 받으옵소서

내 모습 이대로 주 받으옵소서

날 위해 돌아가신 주 날 받으옵소서

내 주님 서신 발 앞에 나 꿇어 엎드렸으니

그 크신 역사 이루게 날 받으옵소서

내 모습 이대로 주 받으옵소서

날 위해 돌아가신 주 날 받으옵소서

세월은 화살같이 빠르게 지나갔습니다.

 철부지 애송이였던 내가 이제는 사내 냄새 물씬 풍기는 어엿한 청년이 되었습니다. 우리 아빠는 내가 어렸을 때 예수님을 믿지 않았으나 나로 인하여 이제는 주님을 영접하고 하나님의 자녀가 되었습니다. 우리 가족을 구원해주신 하나님께 감사드립니다.

앞과 뒤, 왼쪽과 오른쪽을 아무리 둘러보아도 내가 생각하기엔 원망과 한숨만 나올 텐데 우리 엄마는 늘 위만 쳐다보시며 감사하며 살고 있습니다. 지금 엄마, 아빠 그리고 나 우리 가족은 하나님 안에서 예전보다 더욱 사랑의 끈으로 똘똘 뭉쳐 있습니다.

　2013년 4월 어느 토요일 오후, 초등학교 시절부터 나와 같이 밀알천사 산행을 계속 해오셨던 천사도우미 신용세 집사님을 따라, 하나님께 따지기 위해 작정을 하고 이 세상에서 가장 순진무구한 형님 천사들, 아우 천사들과 같이 청계산 매봉에 올랐습니다. 이곳 청계골 산등성이에는 나를 비롯한 우리 천사 부모님들의 주말 오후 안식과 우리들의 심신단련을 위해, 주말의 여유와 즐거움을 잃어버린 짝꿍 선생님들의 뜨거운 땀방울이 맺혀 있습니다. 하늘은 푸르고 공기는 맑았으며 온 산이 연록으로 물들어 있었습니다. 나는 내가 아끼는 아우 천사 태현이의 목을 끌어안고 하나님께 목 놓아 기도하며 소리 질렀습니다.

　"하나님!!
　정말 하늘에 계셔서
　우리 천사들의 기도 듣고 계시나요?
　우리 천사들의 기도 소리 들리시지 않으시나요?

우리 천사들의 기도 소리 매봉을 치고 올라 천국 문 앞에 닿아 있습니다.

제발, 하늘 문을 여시고 우리 천사들의 울부짖는 기도 소리 들어주세요.

얼마나 기다려야 할까요?

아빠, 엄마가 그토록 원하시는 때를 단축시켜주세요.

천국의 문을 닫지 마시고

우리 천사 가족들의 애타는 기도를 들으시어

천사들이 바라는 기한을 당겨주세요.

남몰래 흘리시는 아빠 마음의 눈물 닦아주시고,

하루에도 여러 번 무너지시는 엄마의 가슴 보듬어주세요.

제가 우리 가정의 희망이 되게 해주세요.

제가 엄마, 아빠의 부담이 되지 않고 오히려 축복의 통로가 되게 해주세요.

산 밑에서 하나님께 제대로 한 번 따져보려고 하나님 사시는 곳과 가까운 이곳에 올라왔지만 저 이제는 더 이상 하나님을 원망하지 않겠습니다.

대신, 하나님께서 우리들을 통하여 우리들이 알지 못하는 기묘한 일들을 만드시고 해결하며 이루어가시는 순간순간들을 두 손

모아 기도하면서 바라보겠습니다.

　하나님의 지혜와 섭리를 끝까지 기다리겠습니다.

　저는 괜찮지만 제발 우리 엄마, 아빠 기다리다가 지쳐서 하나님을 원망하지 않도록 도와주세요.

　하나님!! 새끼손가락 꼭 걸고 저와 약속해주세요."

　나는 하나님의 약속을 굳게 믿고 천사도우미 집사님을 따라 아우 천사들의 고사리 같은 손을 잡고 기쁜 마음으로 산을 내려왔습니다.

PART 02
은혜의 자리에서 하나님을 찬양하라

은혜의 자리에서 하나님을 찬양하라

PART 02

어느 날부터 태현이를 비롯하여 경찬이라는 또 다른 아이 하나가 주님을 향해 춤을 추기 시작했다. 찬양팀과 함께 예배하는 모습이 너무 아름다워서 나는 눈물이 났다. 내 눈엔 태현이와 경찬이의 모습만 보였다. 이 아이들은 아무것도 원하는 것이 없었다. 그냥 주님이 좋아서 춤을 추는 것일 뿐이다. 다윗처럼 누구의 시선도 신경 쓰지 않고 그냥 그 모습 그대로 예배하는 것이다. 우리가 모두 저 아이처럼 주님께 아무것도 바라지 않고 예배한다면 주님은 얼마나 기뻐하실까? 주님께서 우리를 그냥 사랑하신 것처럼. 나는 태현이를 통해서 주님을 또 만난다.

긍휼의 하나님이
계시는 곳

밀알청년1부 이창현

매주 일요일 오전 11시가 되면 어김없이 밀알학교 본관 2층 206호에서는 밀알청년1부 예배가 시작된다. 예배 시작 30분 전, 10시 30분이면 밀알청년1부 교사기도회가 시작된다. 대부분의 교사가 예배 시작 전 교사기도회에 반드시 참석하고 있다. 밀알청년1부 주요 기도제목인 모든 청년과 교사가 '성령 충만·감사 충만'하기를 간절히 원하며 기도한다. 오늘 진행할 프로그램 협의와 기도 시간이 끝나면 예배 준비를 마친다.

마침내 오전 11시가 되면 밀알청년1부 예배가 시작된다. 내가 부장교사로 있을 그 당시에 우리 밀알청년1부는 매주 예배를 시작하면서 "주의 친절한 팔에 안기세"(새찬송가 405장)를 밀알청년1부 주제곡으로 불렀다.

(1절) 주의 친절한 팔에 안기세 우리 맘이 평안하리니 항상 기쁘고 복이 되겠네 영원하신 팔에 안기세

(후렴) 주의 팔에 그 크신 팔에 안기세 주의 팔에 영원하신 팔에 안기세

(2절) 날이 갈수록 주의 사랑이 두루 광명하게 비치고 천성 가는 길 편히 가리니 영원하신 팔에 안기세

(3절) 주의 보좌로 나아갈 때에 기뻐 찬미소리 외치고 겁과 두

려움 없어지리니 영원하신 팔에 안기세

  이렇게 노래를 부르기 시작하면 우리 '밀알청년1부 찬양 리더팀'이 앞으로 나와 함께 찬양을 이끌어나간다.
  한 청년은 자기 의사표현을 거의 못하지만, 찬양이 시작되면 항상 맨 앞으로 나와 두 손으로 박수를 치며 빙빙 돌며 찬양을 한다. 찬양을 하나님께 드리면서 서서히 그의 얼굴은 천사의 얼굴이 되어간다. 아니, 우리 모두는 하나님의 천사가 아니라 창조주 하나님의 보배로운 자녀로서 구속(救贖)받은 존귀한 자녀의 영화로운 모습으로 그분께 찬양을 드린다. 온몸과 마음으로 찬양을 드린다. 우리 청년들이 예배시간에 가장 좋아하는 것이 찬양이다. 교회에서뿐만 아니라 1박 2일 사회적응훈련에서도 모이면 찬양으로 시작하여 찬양으로 끝난다. 찬양하는 청년들의 모습 가운데서 살아계신 하나님의 모습을 본다.
  밀알청년1부로 오기 전에 예수마당 소년부에서, 그리고 고등부 교사로서 여러 해 섬겼지만 이처럼 은혜로운 모습을 본 적이 없었다. 밀알청년1부는 그야말로 하나님 앞에 찬양으로 산제사를 드린다.

"그러므로 형제들아 내가 하나님의 모든 자비하심으로 너희를 권하노니 너희 몸을 하나님이 기뻐하시는 거룩한 산제물로 드리라 이는 너희가 드릴 영적 예배니라"(로마서 12:1).

아브라함이 모리아 산 위에서 아들 이삭을 하나님 앞에 산제사로 드렸듯이 우리 밀알청년1부의 청년들은 자기 몸을 친히 하나님 앞에 드리며 온몸으로 찬양을 드리는 것이다.

"이 백성은 내가 나를 위하여 지었나니 나를 찬송하게 하려 함이니라"(이사야 43:21).

천지를 창조하신 하나님이 우리를 창조하시고 우리의 찬송을 기쁘게 받으신다.
그러면 하나님께서 우리를 어떤 모습으로 창조하셨는가?

"하나님이 이르시되 우리의 형상을 따라 우리의 모양대로 우리가 사람을 만들고…"(창세기 1:26 상반절).

"하나님이 자기 형상 곧 하나님의 형상대로 사람을 창조하시되 남자와 여자를 창조하시고"(창세기 1:27).

창조주 하나님께서는 우리를 하나님의 형상, 곧 그분의 모습대로 우리를 창조하셨다. 자녀들은 그들의 부모를 닮는다. 하나님의 자녀인 우리들은 하나님을 닮았다. 우리 밀알청년들도 당연히 하나님의 형상대로 창조된 자녀들이다. 그런데 혼자서는 이 세상을 살아갈 수 없는 너무나 부족한 청년들이다.

4년간 밀알청년1부 부감, 부장집사로서 청년들을 섬김으로써, 그들과 함께 길을 가면서(매달 한 번씩 토요일에는 사회적응훈련 나감), 함께 식사하면서, 함께 잠을 자면서(두 달마다 1박 2일로 현장적응훈련 나감, 하계수련회는 2박 3일), 나는 그들 모습 가운데서 살아계신 하나님의 모습을 찾는다. 나는 그들 모습 가운데서 하나님을 닮은 형상을 찾으려고 애를 쓴다.

한 달에 한 번 나가는 토요일 사회적응훈련과 두 달마다 나가는 1박 2일 현장적응훈련, 그리고 2박 3일 하계수련회를 나가려면 우리 밀알청년부 교사들은 거의 한 달 전부터 계획을 세우고 하나님의 도우심과 임재하심을 바라며 간절히 기도한다. 안전사고 없이 가고 오는 길을 하나님께서 함께하시고 우리 청년들 이탈하지 않고 건강하게 다녀올 수 있게 해달라고 기도드린다. 지금 생각하면 그때처럼 하나님 앞에 기도를 많이 한 시절이 또 있을까 싶다. 우리 교사들은 청년들을 만나고 섬길 때 반드시 기도로 성령의 동행하심과 도우심을 구한다.

사회적응훈련을 나가는 날은 우리 청년들에게 특별하게 기쁜 날이다. 그들의 마음은 약간 흥분되는 듯 들떠 있으나 참으로 유쾌하며 기쁨으로 가득하다. 청년 부모님들에게는 특별 휴가시간이 된다. 두 달마다 나가는 1박 2일 훈련은 그야말로 청년들 부모님들에게 특별한 안식의 시간을 준다. 그래서 우리 교사들은 힘들지만 한편으로 행복한 은혜를 덧입는다.

한번은 양평으로 1박 2일 적응훈련을 갔는데 이튿날 점심을 먹고 나서 한 청년이 이탈하여 어떤 상점에 들어가 과자를 훔쳐가지고 산으로 달아났다. 우리 교사들은 거의 한 시간 동안 그 청년을 찾으려 헤매고 다녔으나 찾지 못했다. 시간이 점점 흐를수록 실망과 좌절감이 커져갔다. 하나님께 기도하는 것 말고는 다른 방법이 없었다. 가던 걸음을 멈추고 도로 위에 그대로 서서 하나님 앞에 기도하였다. '살아계신 나의 하나님, 사랑하는 한 청년을 잃고 저희들만 어찌 돌아갈 수 있단 말입니까' 하고 마음속으로 울면서 기도하였다.

기도가 끝나고 잠시 후에 수련원 사무실에서 연락이 왔다. 도로 건너편 산 밑에 있는 건물에 근무하는 경비원의 신고에 따르면 한 청년이 산 쪽으로 올라가는 것을 봤다는 것이다. 그 이야기를 듣고 그곳으로 뛰어가서 청년을 발견하였는데 어찌나 반가운지 말로 형언할 수 없었다. 내가 가까이 가서 손을 내미니 나의 손을 꽉 잡았다. 청년의 손을 잡고 내려오면서 잃어버린 한 어린 양을 찾으신 하나님의 심정을, 주님의 마음을 헤아릴 수 있었다. 이 세상에 사는 한 영혼이 하나님 앞에 돌아오면 천하보다 존귀하게 여기신다는 주님의 말씀이 실감났다. 잃어버린 어린 양을 찾은 놀라운 기쁨과 은혜를 맛볼 수 있었다.

우리 청년들은 사회적응훈련을 나가면 화장실까지 교사와 일대일로 동행하며 함께 이동하여야 한다. 그렇게 하지 않으면 우리 청년들을 언제 잃어버릴지 모른다. 그래서 새로 오신 교사들에게 사회적응훈련 나갈 때마다 교육시키고 조심하도록 당부한다.

한번은 사회적응훈련을 나가는데 고속도로 차 안에서 소변을 보겠다고 차를 세워 달라는 청년을 어찌하지 못하고 황당해하면서도 달래는 집사님이 계셨다. 또 공원에서 산책하다가 안 가려고 떼쓰며 그 자리에 서 있는 청년 자매를 참고 또 참으며 마음이 돌아서서 움직일 때까지 기다려주는 여자 집사님도 계셨다.

하계수련회를 처음으로 제주도로 갔다. 우리 청년들 대부분이

처음 비행기를 타는 경험을 하게 되었다. 김포에서 제주도 가는 비행기 안에서 한 청년 자매가 불안감을 억제하지 못하고 옆에 앉아 계시는 목사님 사모님 손등을 할퀴어 상처를 냈다. 제주도에서 첫 밤을 보낼 때는 새벽 2시경에 한 청년이 온몸에 고열이 발생하여 힘들어하였다. 급히 택시를 불러 병원 응급실로 가는 동안 그 청년은 할렐루야를 계속 읊조리며 주님을 찬송했다. 이 청년은 자기 의사표현을 거의 못하지만 항상 평안해하며 마음속으로 찬양한다. 그 후 그 청년은 주사를 맞고 열이 내렸고 회복되어 수련회에 잘 적응하였다. 제주도에서 서울로 돌아오는 탑승 과정에서는 한 청년이 탑승 거부를 하며 떼를 써서 공항 안 대기실에서 30분 이상을 소모하고서야 겨우 탑승하기도 하였다.

이처럼 우리들은 아무리 힘들어도 끝까지 다 함께 손을 잡고 간다.

"너희가 서로 사랑하면 이로써 모든 사람이 너희가 내 제자인 줄 알리라"(요한복음 13:35).

이렇게 너무나 부족하고 홀로 설 수 없는 우리 밀알청년들 모습 속에서 어떻게 살아계신 하나님의 모습을 볼 수 있냐고 묻고 싶을 것이다.

"긍휼히 여기는 자는 복이 있나니 그들이 긍휼히 여김을 받을 것임이요"(마태복음 5:7).

예수님께서 무리를 보시고 산에 올라가 앉으셨을 때 제자들이 나아왔고 이때 입을 열어 가르치신 내용이 '산상설교'이다. 여기서 우리 주님께서는 우리에게 긍휼의 마음을 가지라고 하셨다. 그러면 하나님께서도 우리를 긍휼히 여기신다는 것이다.

창조주 하나님께서 우리를 긍휼히 여기시는 마음은 어떤 마음일까?

우리가 천하보다 존귀하다고 말씀하신 주님의 긍휼하신 마음은 어떤 마음일까?

"하나님이 이르시되 우리의 형상을 따라 우리의 모양대로 우리가 사람을 만들고…"(창세기 1:26 상반절).

하나님의 형상대로 하나님의 모습대로 창조된 우리가 하나님의 자녀일진대, 우리의 모습 가운데서 우리의 얼굴에서 당신의 닮은 모습을 찾으시는, 애써 찾으시는 것이 주님의 마음이다. 부모는 자기 자녀가 자기를 쏙 빼닮은 것을 보고 더욱 사랑하며 기뻐한다.

죄 많고 흠 많은 우리들! 죄 가운데 태어나서 죽을 수밖에 없는 우리를 구속하셔서 하나님의 자녀 삼아 주시고 살아계신 하나님을 '아바 아버지'라고 부를 수 있도록 은혜를 베풀어주시는 주님의 마음이 긍휼의 마음이다.

우리를 어떻게 구속하여 주셨는가? 천지를 창조하신 하나님과 함께하신 그분, 그분이 이 땅에 우리 인간의 몸으로 오셔서 우리 인간의 모든 희로애락을 겪으시며, 함께하시며, 십자가에서 우리의 구속자로서 친히 우리 죄를 지고 돌아가시고, 사흘 만에 다시 살아나셔서 지금 하나님 보좌 우편에 앉아 계시며, 우리를 위하여 기도하시는 그 마음이 바로 긍휼의 마음이다.

따라서 우리가 우리의 밀알청년들을 바라볼 때 그들의 모습과 그들의 얼굴에서 하나님의 모습을 찾는 마음이 그들을 긍휼히 여기는 마음이다. 창조주 하나님이 우리의 모습 가운데서 당신의 닮은 모습을 애써 찾으시듯이 우리들도 우리 사랑하는 밀알청년들의 모습 가운데서 하나님 닮은 모습을 애써 찾아가며 함께 길을 걸어간다.

또한 우리 가정에서 사랑하는 아내 모습에서, 남편 모습에서, 자녀들 모습에서 하나님 닮은 형상을 찾아가는 것이 하나님 자녀들의 긍휼의 삶이다.

밀알청년들을 섬기는 우리 남녀 집사님 모습 가운데서도 우리는 살아계신 하나님의 모습을 발견한다. 참으로 아름다운 하나님의 살아계신 형상을 발견하며 은혜를 받는다.

병상에 누워 죽을 고성 하다가 다행히 치유되어 퇴원 후 교회에 나오면서, 하나님께서 나의 건강을 회복시켜주셨으므로 지금부터는 우리 밀알청년들을 섬길 작정이라며 기쁨으로 섬기시는 한 남자 집사님의 얼굴에서 살아계신 하나님의 형상을 발견한다.

주님을 영접하고 교회에 나오신 지 얼마 되지 않은 성도님이 자기는 허리 디스크로 심히 고생하면서도 밀알청년1부 봉사를 권면받고 부부가 기쁨으로 청년들을 섬겨주는데, 그분들의 모습 가운데서도 살아계신 하나님의 모습을 발견할 수 있다.

예배 중에 청년으로부터 머리카락을 뜯기는 한 여자 집사님의 얼굴에서, 또 청년에게서 손톱으로 손등을 할퀴어 상처를 입었는데도 오히려 그 청년을 안아주며 기도하시는 한 여자 집사님의 모습 가운데서도 살아계신 주님의 형상을 발견한다.

또 1년 전 우리 교회 새신자로 등록하여 새가족위원회 양육부

과정을 마치자마자 밀알청년1부 예배시간 참여를 권면받고 지금까지 계속 봉사하는 성도님도 계신다. 그동안 5년 이상, 10년 이상 떠나지 않고 계속해서 헌신하는 집사님들도 계신다. 이분들 모두 어찌 아름답지 아니한가! 그분들의 모습 가운데서, 얼굴에서 하나님의 아름다운 형상이 그려진다.

이렇게 우리는 매일 하나님의 닮은 모습들을 드러내며 서로의 모습 속에서 주님의 얼굴을 보며 성숙되어간다. 우리는 밀알청년1부 예배 가운데서 함께 동행하며, 함께 식사하며, 함께 자면서, 우리 가운데 하나님의 살아계심을 깊이 체험한다.

"오직 정의를 물같이, 공의를 마르지 않는 강같이 흐르게 할지어다"(아모스 5:24).

이것이 주님의 피 값으로 세운 우리 교회의 모습이다. 우리 주님 이 땅에 다시 오실 때 우리 교회의 모습을 보고 기뻐하지 않으실까?

만일 지금 당장 주님이 우리 남서울은혜교회에 오신다고 하면 제일 먼저 어느 곳으로 오실까? 아마도 밀알청년1부에 제일 먼저 오시지 않을까 기대하며, 우리 청년들과 성도님들께 큰 위로의 말씀을 드린다.

무얼 가르치는 교사인가?

밀알청년2부 안재현

밀알청년2부의 주일예배는 오전 10시 20분 교사회의를 시작으로 찬양, 예배, 반별 공과나눔으로 12시 언저리까지 이어진다. 우리 예배 장소인 월남홀에 나는 보통 9시 30분쯤 도착하는데 선생님 한 분과 청년 3~4명은 언제나 먼저 와 있다. 시작 2시간여 전인 오전 8시 전후에 오는 그들은 테이블과 의자를 펴고, 보관창고에서 공과책과 이름표, 차와 전기포트 등을 꺼내놓고, 이어 오는 사람들을 기다린다.

오전 7시 50분 집에서 출발준비를 할 즈음 한 형제는 습관처럼 "어디쯤이냐"고 전화를 걸어주고 그로부터 한참 뒤 내가 월남홀에 들어서면 두툼한 손을 내밀어 악수하고 함박웃음으로 소리치며 하이파이브로 반긴다. 탁자 위의 내 이름표를 주머니에 넣어두었다가 웃으며 마음과 함께 건네주는 형제…. 나는 여태껏 세상에서 이런 마중인사를 받은 적이 없다.

우리 형제자매들은 있어야 할 곳과 오고 가는 시간들을 시계처럼 정확히 안다. 10시 전후 우리 청년들이 하나둘 본격적으로 오기 시작하면 모습은 두 가지로 나뉜다. 손바닥이 얼얼하게 하이파이브를 나누는 형제, 얼굴의 붉은 점을 가리키거나 바지춤을 올리며 한 주간의 변화를 설명하는 형제, 바삐 손을 스치고 자리를 찾아가는 자매, 옆도 사람도 쳐다보지 않고 자리를 찾아가는 자매 등등. 등장하는 모습은 매주 판박이로 정해져 있다. 계절로 치면 뜨거운 여름과 앙상한 겨울의 양극 모습이지만 그래도 가만히 보면 봄, 가을도 있다.

한때 나는 이런 생각에 몰두했다.

'우리 청년들 적지 않은 수가 작업장에서 사람들과 어울려 일할 텐데 인사 안 하고 정감을 나누지 못하다 밉상으로 보이거나 어려움을 당하지 않을까. 우리 청년들에게 알맞은 예절교육으로 도움을 줄 수는 없을까.'

그러다 나는 우리 청년들이 밀알청년2부를 나와서 교회 안의 이곳저곳을 다니며 뜨거운 '여름의 반응'으로 주위의 눈길을 끌거나, 또래 청년들에게 가까이 다가가 아는 척하고 인사를 하다 스쳐 지나가는 대접을 받을 때면 가슴을 졸인다.

'그들이 상처받지 않을까? 이런 일에는 익숙해 괜찮을까?'

'인사를 하는 예절교육을 그들에게 가르친다고…?'

나는 후회하고 반성하기도 한다. 여러 일 이후 나는 그들에게 가하려던 세상교육의 생각을 접었고 지금도 접어가고 있는 중이다.

밀알청년2부에서 나는, 그리고 교사는 무엇을 할 수 있는가? 우리 청년들을 있는 그대로 받아들여주고, 함께하고, 모든 것을 받아주시는 하나님께 나아가는 것이 아닐까.

나는 우리 장애인 형제들이 함께 드리는 4부 예배가 참 좋다. 4부 예배 자발 찬양대인 서영준 형제와 신재현 형제가 말씀을 전하실 담임목사님을 만날 때 '인사드리는가 보자, 언제 먼저 인사를 드리는 발전이 있을까' 하는 기대는 포기하지 않고 있다. 나는 형제들이 앞에 나가 맘껏 찬양하고, 많은 우리 청년들이 목사님 말씀을 경청하며 두 손 들어 아멘으로 고백하는 4부 예배를 하나님께서 기쁘게 받으실 거라고 믿는다. 그래서 더욱 나는 내 자신이 우리 남서울은혜교회의 일원인 것이 좋다.

가르치는 교사보다 있는 그대로 받아들이고 함께하며, 우리가 할 수 없으니 하나님께 함께 나아가는 마음을 가지고 그것을 실천하는 교사, 쉽지 않지만 나는 여기까지 와 있다.

너는
특별하단다

통합사역부 김상욱

1. 2001년 병원에서 발달장애 판정을 받았다는 엄마의 전화를 받고, 아빠는 퇴근길 88도로에서 집까지 펑펑 울면서 1시간 넘게 운전을 했단다.

하나님 어떻게 하죠? 어떻게 해야 합니까??

사고 없이 집에까지 어떻게 도착했는지 모르겠다.

2. 어린 나이인데도 너는 무조건 가출을 많이 시도했지. 5번은 잃어버리고 파출소 아저씨도 신고하면 이제 우리집이란 걸 알고 계셨단다.

10분 사이에 집 문을 열고 어찌 그리 먼 길을 뛰어갈 수 있었는지, 제 2의 '말아톤' 형진이가 되려고 준비했었니?

3. 5살까지 침묵으로 일관하던 네가 처음으로 "물"이란 단어를 이야기했을 때, 엄마는 기뻐서 얼마나 감사했는지 모른단.

그 후 "엄마"라는 말도 할 수 있게 되었지.

경기도 광주에서 성남, 수서까지 버스 타고 지하철 갈아타고 교육을 받던 네가 몸이 너무 힘들어서 그랬는지 "택시 타자"라는 자발어(自發語)를 말했을 때, 엄마는 눈물이 날 만큼 기뻤다고 기억하는구나.

그런 덕분에 엄마는 방죽어린이집 졸업식에서 '장한 어머니상'을 받았단다.

4. 영화 '말아톤'을 보고 아빠는 창피한 줄도 모르고 엄청나게 많이 울었다. 아빠는 네가 아빠 인생을 가로막는 걸림돌이라 생각했었고 너를 보내신 하나님을 많이 원망하기도 했단다.

미안한 얘기지만 어린이대공원에서 너의 손을 놓고 도망가고 싶었던 적도 있었고, 지하철에서 너도 다른 아가씨 몸을 만져서 "죄송합니다. 저희 아들에게 장애가 있어서요"라고 했던 아픈 경험이 있었기 때문이지.

5. 엄마, 아빠의 소원은 주일날 정말 편안한 마음으로 예배드리는 것이었단다. 작은외삼촌이 담임하는 교회 유아실에서 예배실로 매번 튀어나가는 너의 급진적인 행동 때문에 눈은 앞을 쳐다보고 싶었지만 온 신경은 네가 있는 뒤쪽에 집중되어 있었단다.

발달장애가 있는 버디 친구들의 통합예배가 있다는 '남서울은혜교회'의 소식은 엄마, 아빠에게 복음이었단다. 드디어 예배다운 예배를 드렸구나 생각했던 첫 예배의 감동과 기쁨은 지금도 우리를 흥분케 한단다.

6. 아빠의 핸드폰을 화장실에 들고 갔다가 핸드폰이 떨어지자, "더러워" 하면서 분리되었던 배터리를 순식간에 물로 씻는 너의 모습을 보고 아빠는 아무 말도 할 수 없었어. 더럽다는 교육을 받고 깨끗하게 만들려고 자연스럽게 행동한 네가 무슨 잘못이 있었겠니.

7. 핸드폰의 사진 구경하는 것을 너무 좋아하는 너의 버릇 때문에 엄마, 아빠는 당황스러울 때가 너무 많았어. 만나는 사람한테 무작정 핸드폰을 달라고 손을 내밀 때 사람들은 네가 기계를 고장낼까봐 많이 두려워했지.
"이 애는 단순히 사진만 보고 돌려주는데…."
엄마, 아빠도 일일이 그런 변명을 늘어놓기 싫어서 한동안은 모임에 너를 데리고 가기 싫을 때도 있었단다.

8. 2007년 7월 주일 저녁에 너의 책가방을 준비하던 엄마는 "아차, 독후감 숙제를 안 했구나" 하면서 아빠에게 도와달라고 했단다.
아빠는 피곤하고 귀찮았지만 책장에 있는 맥스 루카이도 목사님의 《너는 특별하단다》를 꺼내서 요약한 다음 엄마에게 건넸단다.

  엄마는 너무 어렵게 써놓아서 티가 난다며 찬영이가 쓴 것처럼 하기 위해 글을 다시 고쳤단다.

  날짜 : 2007년 7월 11일
  제목 : 《《너는 특별하단다》》를 읽고

  웸믹이라는 작은 나무 사람들이 있었다.
  주인공 '펀치넬로'는 우스꽝스럽게 생기고 잘하는 게 없어서 다른 웸믹들에게 늘 놀림만 받았다.
  어느 날 엘리 아저씨를 만났는데 바로 '펀치넬로'를 만든 목수 아저씨였다.
  아저씨는 "펀치넬로야 너는 특별하단다. 그것은 내가 너를 만들었기 때문이야. 너는 내게 소중해"라고 말했다.
  펀치넬로는 엘리 아저씨의 소중한 사랑으로 조금씩 남을 덜 의식하고 자신을 소중하게 생각하게 되었다.
  나는 부족함이 많은 아이지만 나를 아껴주고 사랑해주시는 하나님, 부모님, 선생님, 친구들을 생각하며 나 자신을 더 소중하게 생각할 것이다.

"나는 특별하고 소중한 존재다."

후기 : 시상식에 가보니 각 학년별로 시상자들과 교장 선생님이 계셨고 엄마는 찬영이가 돌출행동을 할까봐 뒤에 서있었다고 합니다.

학급별로 시상식이 모니터로 중계가 되는데 찬영이가 '최우수상'을 받자 한 3학년 아이가 친구들에게 "찬영이, 내가 잘 아는 아인데"라고 이야기를 하니 옆에 있던 다른 아이가 "쟤 장애인인데" 하고 놀려서 말싸움을 했더랍니다. 어린 마음에 찬영이가 장애인이 아니라고 생각했던 모양입니다.

그리고 저희 집에 와서 찬영 엄마에게 이렇게 다시 물어보더랍니다.

"아줌마, 찬영이 장애인 아니죠?"

오히려 찬영 엄마가 어떻게 대답을 해야 할지 몰라 한참 당황스러웠다고 하네요.

사람들이 생각하는 것은 별로 중요하지 않단다.
중요한 것은 내가 어떻게 생각하느냐이지.
그리고 난 네가 매우 특별하다고 생각한단다.

기억하거라.

"내가 너를 만들었기 대문에 넌 매우 특별하단다. 그리고 난 절대 실수는 하지 않는단다."

-맥스 루카이도, 《너는 특별하단다》

9. 아들아! 잠든 너의 얼굴을 보면서 17년간 우리가 함께했던 시간들을 기억해본다.

너는 이제 엄마, 아빠보다 키가 크고 힘도 세어졌단다.

너는 아직도 음성틱과 몸틱을 가지고 있고 소리를 내면서 너의 감정을 표출하지. 때로는 너의 반응에 민감하게 반응하지 못해서 미안하다.

부끄럽게도 엄마, 아빠는 서로 힘들게 하고 싸우기도 했고, 쓸데없는 자존심에 너를 창피하게 생각할 때도 있었고, 아빠가 홧김에 너에게 손을 대기도 했단다.

우리가 천국에서 다시 볼 때는 긴 문장으로 '그때 너는 왜 그럴 수밖에 없었는지' 실컷 이야기를 듣고 싶구나.

"아빠는 이래서 너에게 화를 냈던 거야."

"그때 너는 이것을 해보고 싶었는데 아빠가 잘못 이해했구나."

다시 한 번 너의 머리를 잡고 아빠는 하나님께 기도한다.

하나님! 주님께서 주신 저희 가정을 위한 계획이 무엇인지는 아직도 잘 모릅니다. 그렇지만 기뻐하면서 순종하며 그 길을 가게 하소서.

또한 하나님께 찬양과 영광을 올려드릴 수 있는 찬영이가 되게 해주시고, 축복의 통로로 사용해주세요. 예수님의 이름으로 기도합니다. 아멘

10. 저는 천국에 갔을 때 "그동안 수고했다"며 우리의 눈물을 닦아주시고 장애 부모들과 선생님들, 우리 교회를 축복해주시고 면류관을 씌어주실 우리 주님을 고대합니다.

\# 저는 우리 교회가 장애인에게 하나님을 만날 수 있는 예배 접근권을 허용해주셔서 좋습니다.

\# 저는 우리 교회가 장애인을 동정의 대상이 아니라 동행의 대상으로 생각해주셔서 너무 좋습니다.

\# 저는 우리 교회가 장애인에게 과잉 친절을 베풀지 않고 호기심을 가지지 않고 대해주셔서 너무 좋습니다.

\# 저는 우리 교회가 일이 더디거나 보기가 좋지 아니하여도, 장애인에게도 봉사의 기회를 주셔서 좋습니다.

\# 저는 우리 교회가 장애인을 장애에 신경 쓰지 않고 인격의 주체로 대해주셔서 너무 감사합니다.

\# 저는 우리 교회가 장애인을 적극적으로 환영하지 않음으로써 계속 교회에 나올 용기를 꺾는 교회가 아니어서 너무 감사합니다.

\# 저는 우리 교회가 장애부서를 만듦으로써 고상한 교회로서 이미지를 상승시키고 일반 성도들에게 영적인 도전과 성숙을 주기 위해 운영하지 않는 것에 너무 감사합니다.

모든 영광을 주님께 드립니다.
마라나타! 주 예수여, 어서 오시옵소서.

주님!
우리 소년부에
다윗처럼 춤추는
아이가 있어요

통합사역부 손영덕

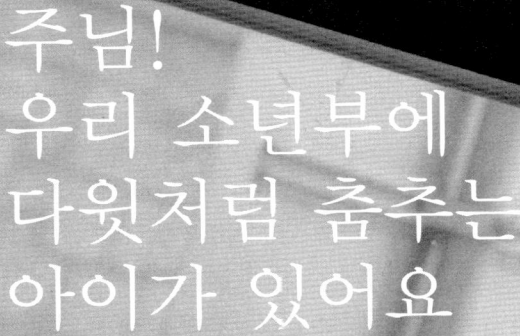

"태현아, 안녕? 잘 지냈어?"

주일 아침이면 어김없이 태현이를 만나 이렇게 인사한다. 처음엔 이분은 누군가 하며 어색한 얼굴로 다가왔던 아이가 8개월이 지난 지금은 "안녕하세요" 하며 인사한다. 매년 소년부 아이들을 섬기면서 버디 친구들을 만났지만 늘 안타까웠던 것은 아이들이 자기 생각 속에 갇히거나 자신의 의사를 표현할 수 없어 소통의 어려움이 있다는 것이다. 그래서 반의 다른 친구들과도 잘 어울리지 못하고 지내서 또 다른 외로움을 느끼지는 않을까 하는 마음이 들곤 했다. 하지만 태현이는 조금 달랐다. 눈을 맞추고 이야기할 때마다 반응하고 대답을 한다. 오늘도 내게는 사랑이 없지만 내 안에 계신 주님의 사랑으로 그 아이를 바라본다. 공과시간에는 여러 아이들이 있어 많은 관심을 쏟지 못하는 것이 늘 안타깝지만 짧은 질문에도 태현이는 반응한다.

"태현이는 예수님을 사랑하나요? 예수님께서 태현이를 사랑하는 거, 태현이는 아나요?"

"네."

이렇게 곧바로 대답한다.

어느 날 활동 시간에 남자와 여자의 다른 점을 나누면서 태현이에게 남자와 여자가 다른 점이 뭐냐고 물었더니 "아빠는 남자고 엄마는 여자예요"라고 당당하게 대답하였는데 그 모습이 너무 대견했다. 날마다 이 아이는 주님의 사랑을 먹고 조금씩 자라간다. 때로는 자기 속에 갇히기도 하고, 때로는 사람들과 잘 소통을 못하기도 하지만 신실하신 주님께서는 이 아이를 안고 계신다. 우리가 주님을 다 이해할 수 없어 안타까울 때도 있지만 분명한 사실은 주님은 선하시며 이 아이를 사랑하시는 분이라는 것이다. 이 사실은 영원토록 변함이 없다. 우리가 연약할 때도, 건강할 때도 변하시지 않는 분, 나의 주인 되신, 태현이의 주인 되신 예수님을 찬양한다.

 어느 날부터 태현이를 비롯하여 경찬이라는 또 다른 아이 하나가 주님을 향해 춤을 추기 시작했다. 찬양팀과 함께 예배하는 모습이 너무 아름다워서 나는 눈물이 났다. 내 눈엔 태현이와 경찬이의 모습만 보였다. 이 아이들은 아무것도 원하는 것이 없었다. 그냥 주님이 좋아서 춤을 추는 것일 뿐이다. 다윗처럼 누구의 시선도 신경 쓰지 않고 그냥 그 모습 그대로 예배하는 것이다. 우리가 모두 저 아이처럼 즈님께 아무것도 바라지 않고 예배한다면 주님은 얼마나 기뻐하실까? 주님께서 우리를 그냥 사랑하신 것처럼. 나는 태현이를 통해서 주님을 또 만난다. 반 아이들도 그 순수한 모습이 부러운 듯 쳐다보며 웃었다. 태현이와 반 친구들이 가까워지는 순간이다. 주님은 이렇게 장애라는 이름 때문에 아이들 사이에 막혔던 담을 주님의 사랑으로 허물고 계신다.

모든 버디 부모님의 바람이 있다. 내가 이 아이보다 하루를 더 살기를…. 그 마음의 무거운 짐을 주님밖에 이해할 수 없을 것이다. 그러나 주님! 원하오니 부모님들의 무거운 짐을 주님께 내려놓고 자유할 수 있도록, 그들에게 믿음을 주시고 은혜를 더해 주세요.

"수고하고 무거운 짐 진 자들아 다 내게로 오라 내가 너희를 쉬게 하리라"(마태복음 11:28).

우리의 삶은 한시도 주님의 은혜 없이 살 수 없음을 알게 하시고, 그 은혜는 영원하며 그 사랑은 변함이 없음을 알게 하소서(시편 121:7~8).

태현이가 질문에 반응하며 답할 때마다 나는 감격으로 가슴이 벅차오른다. 주님은 얼마나 더 기뻐하실까.

주님! 구하오니 그 사랑의 품에 안기어 주님을 누리고 사랑하는 아이로 자라가도록, 날마다 이 아이와 동행하시며 주의 날개 아래 품어주소서.

"태현아, 예수님 사랑하니?"

"네."

이 고백을 들으시며 기뻐하소서. 주님! 다음 주일에도 태현이는 주님을 향해 춤을 출 거예요. 그 예배를 받아주실 거지요? 주님 사랑합니다. 경배합니다.

하나님의 은혜

밀알학생부, 통합사역브 강헌구 목사

저는 밀알학생부와 통합사역부를 섬기고 있는 강헌구 목사입니다. 간단히 제 소개를 하겠습니다. 우선 나이는 올해 35살입니다. 4살 남자아이(강준)와 아내(이강강), 저 이렇게 세 식구가 의정부에서 행복하게 살고 있습니다!

제가 남서울은혜교회 교역자로 오게 된 시기는 2010년 9월 첫째 주일이었습니다. 당시 밀알청년2부를 섬기시던 정상엽 목사님께서 안산의 인도네시아 외국인 노동자들을 위한 사역을 하시기 위해 사임하게 되어 갑자기 새해가 아닌 9월에 오게 되었습니다. 그때 남서울은혜교회의 교역자로 오게 된 것은 저에게 너무나 감사한 일입니다. 전에 사역하던 교회가 어려워져서 원치 않게 2010년 5월쯤에 사임하게 되었고, 신학대학원 1학년이었던 저는 참으로 어려운 시간을 보내고 있었기 때문입니다. 하지만 장애인 부서를 섬기는 사람으로 부름받는 과정은 그리 쉽지만은 않았습니다.

지금부터 지금 이 자리에 있게 하신 하나님의 인도하심과 그 안에서 장애인분들과 함께하게 된 짧은 이야기를 나누고자 합니다. 한 문장으로 정리하자면 하나님의 크신 은혜가 드러나고 부끄러운 저의 모습이 드러나는 이야기가 될 것 같습니다.

저는 '의정부밀알선교단'에서 7년 정도 봉사자로 활동했습니다. 23살 때 교회 집사님의 소개로 가게 된 후 저희 교회에 오기 전까지 섬겼습니다. 의정부밀알선교단에 처음 가던 날 어색해하는 제게 다가온 친구와의 만남이 있었기에 지금까지 장애인분들과 함께할 수 있게 된 것 같습니다. 그 친구의 이름은 '홍성용'입니다. 뇌병변1급 장애를 가진 그 친구는 선교단에 처음 온 저에게 먼저 말을 걸어주었고, 처음 만난 날 화장실에 같이 가자는 약간 무리한(?) 부탁을 했습니다. 남자들은 목욕탕에 함께 가면 친해진다고들 하는데 성용이란 친구와 저는 처음 만난 날 화장실에 같이 가면서 친해졌습니다. 성용이란 친구 덕분에 저는 장애인분들과의 만남이 어색하지 않을 수 있었던 것 같습니다. 그리고 저는 그 후로 직장생활을 하면서 의정부밀알선교단의 목요예배모임에 꾸준히 참석하게 됐습니다.

  직장생활을 그만두고 25살 되던 해 10월쯤 저는 직장을 다니던 때에 받은 소명, 결심에 따라 한국성서대학교(신학부) 수시1차에 지원해서 합격하게 되었습니다. 그리고 선교단 목요예배 때 친구인 성용이에게 합격 소식을 전하게 되었고, 예배 후 친교 시간에 서로의 비전에 대한 이야기를 나누게 되었습니다. 그때 알게 된 이야기는 이렇습니다. 그 친구는 전혀 교육을 받지 못한 채 집에서 방치된 삶을 살다가 집 근처 교회를 다니게 되었습니다. 그 인연이 의정부밀알선교단까지 닿아서 많은 믿음의 사람들의 도움으로 18살 때부터 한글을 배우기 시작하여 6년 만에 고등학교 검정고시까지 합격하게 되었습니다. 그리고 목회자가 되려는 꿈을 가지고 있었습니다. 대화 끝에 그 친구는 조심스럽게 저에게 "네가 합격한 그 학교에 나도 갈 수 있을까?"라고 물었고, 저는 많은 고민 없이 흔쾌히 같이 가자고 대답했습니다(뒷일을 생각지 못하고 말입니다…). 성용이와 저는 몇 개월 후 정시모집 때 함께 가서 원서를 접수하였고, 성경시험을 치르고 합격하게 되었습니다.

의정부밀알선교단에서 저와 성용이, 이해성이라는 동생(한쪽 다리에 의족을 한)이 함께 한국성서대학교 신학부에 합격하게 되었습니다. 지금 돌아보면 하나님의 은혜에 젖어있던 시기라서 아무것도 모르고 뛰어든 시간들이었던 것 같습니다. 자세하게 다 말씀 드릴 수는 없지만 성용이와 저는 4년의 학부과정을 2년 다니고 1년 휴학하고 다시 복학해서 나머지 2년 과정을 마치고 졸업하게 되었습니다. 처음 2년의 시간은 여러 가지로 힘든 시간들이었습니다. 아침에 친구를 데리러 가서 전철로 통학(1시간 거리)했기 때문에 비가 오거나 눈이 내리는 날, 추운 날이 제일 힘든 시간들이었습니다. 당시 성용이가 타고 있던 휠체어도 수동이었기 때문에 체력적으로도 많이 지쳤던 것 같습니다. 또한 식사와 화장실 모두 제가 그 친구의 손과 발을 대신하였기 때문에 더욱 지칠 수밖에 없었던 것 같습니다. 그 시간을 거치며 저는 일주일 한 번의 봉사와 생활은 다르다는 것을 확실히 깨닫게 되었습니다. 그렇게 버티던 2년의 시간 후에 저희는 아니 저는(친구는 원치 않았습니다) 도망치듯 휴학하게 되었고, 다시 돌아갈 자신이 없었습니다.

그러나 하나님께서는 저희가 포기한 순간부터 일하시기 시작하셨습니다. 휴학하던 2007년 한 해 동안 하나님께서는 나라에서 시작한 전동휠체어 지원 사업을 통해 성용이에게 전동휠체어를 주셨고, 전동휠체어가 탈 수 있는 리프트가 달린 승합차를 의정부밀알선교단의 박춘섭 목사님(단장)을 통하여 지원받게 해주셨습니다. 정말 놀라운 것은 그즈음에 활동보조인 서비스가 생기게 되어 저는 제 친구의 활동보조인으로 활동하며 학업을 할 수 있었다는 것입니다. 그렇게 나라에서 주는 월급을 받으며 함께 볼 책값과 함께 타고 다닐 리프트 승합차의 기름값을 채워주셨습니다. 또한 학교 시설은 2007년 한 해(저희가 휴학한 해입니다) 동안의 건축이 마무리되면서 휠체어가 다니기에 어려움이 없는 시설과 환경(엘리베이터와 경사로 등)으로 변화되어 있었습니다. 삶의 어려움에 짓눌려 모든 것을 포기하려 했던 저희들에게 하나님께서는 너무나 크신 은혜를 부어주셨기에 회복될 수 있었습니다. 당시 저의 믿음을 회고하면 그렇게 하시지 않으셨다면 결코 회복하지 못했을 것입니다(약간의 기복적인…). 그렇게 하나님의 은혜를 힘입어 저희는 나머지 2년의 과정을 잘 마치고 졸업할 수 있었습니다.

그 후 신학대학원까지 함께하고자 하였으나 저의 믿음의 연약함으로 인하여, 그리고 표면적으로는 그 친구가 합격하지 못하였다는 이유로 홀로 3년의 대학원 과정을 밀알청년2부를 섬기며 마무리하게 되었습니다. 하나님께서는 그 친구와 함께하는 또 한 번의 3년의 시간, 삶, 생활을 두려워하는 저의 부끄러운 믿음을 아셨을까요? 그 친구와 함께하지 못하던 2010년 그해 9월에 저는 밀알청년2부를 섬기는 사람으로 부름받게 되었습니다. 사역지도 중간에 사라지게 되었던 혼란의 시기에 주님은 다시 한 번 믿음 없는 저를 장애인을 섬기는 사람으로 부르셨습니다.

표면적으로는 제가 섬겼을지 모릅니다. 하지만 주님의 종으로 목회자로 세워질 수 있도록 제 친구 홍성용이 저를 섬겼고, 밀알청년2부 청년들이 저를 섬겨주었습니다. 주님을 따라가는 삶이 무엇인지 알도록 인도해준 귀한 하나님의 사람들이었습니다. 그들은 하나님이 창조하신 존재 그 자체였고, 부끄러운 한 청년의 삶에 의미를 주는 사람들이었습니다. 그리고 이제 밀알학생부와 통합사역부를 통해 만나는 귀한 발달장애 아이들을 통해 저는 또 다시 섬김 받는 은혜를 누리게 되었습니다. 외면적인 것 때문에 가끔은 지치기도 하고 낙심될 때도 있습니다. 그러나 우리 밀알부를 섬기는 많은 분들이 느끼고 계시듯이 그들은 진정 우리가 눈치 채지 못하는 사이에 이미 우리를 섬기고 있습니다.

이제 이야기를 맺고자 합니다. 서두에 말씀드렸던 것처럼 모든 것이 하나님의 은혜이며, 포기를 모르시는 하나님의 열심이 저와 제 친구의 삶을 이끄신 시간들이었습니다. 지금 돌아보니 직장생활을 할 때 인격적으로 만난 하나님을 위하여 삶을 드리겠다던 저의 연약한 고백을 받으신 하나님께서, 갈 방향을 알지 못하던 저의 삶을 가장 좋은 길로 인도하셨다는 것을 깨닫습니다. 누군가가 "당신의 소명, 하나님의 부르심은 무엇이냐?"고 묻는다면 "좋은 목회자가 되고 싶다"는 대답밖에는 아직 할 수 없을 것 같습니다. 하지만 제가 확신하고 소망하는 것은 하나님께서 이끄시는 대로 순종하고 싶다는 것입니다. 마지막으로 제가 가장 좋아하는 말씀을 함께 나누고 저의 이야기를 마치려고 합니다.

"내가 네 갈 길을 가르쳐 보이고 너를 주목하여 훈계하리로다"(시편 32:8).

남서울은혜교회에서 지난 3년간 밀알청년2부를 섬길 수 있는 기회를 주시고 올해부터 밀알학생부와 통합사역부를 섬길 기회를 주신 하나님께 그리고 함께 동역하시는 모든 교사분들께, 장애인과 함께하는 교회로 함께 동행하여주시는 모든 성도님들께 감사드립니다.

아! 제 친구 홍성용은 지금 의정부 밀알선교단에서 간사로 섬기고 있습니다.

하나님께서 얼마나 좋아하실까

밀알학생부 윤유정

저는 매주 주일 아침 흐뭇하고 행복한 미소를 짓게 만드는 밀알학생부 성가대 이야기를 하려고 합니다. 예수님의 사랑을 흠뻑 받아 신나고 즐겁게 찬양하는 학생들을 보고 있으면 하나님께서 이 모습을 보시고 얼마나 좋아하실까 생각하게 됩니다. 또한 그 시간이 저에게 얼마나 은혜가 되고 기쁨이 되는 시간인지 모릅니다.

주일날 오전에 미리 연습하고 예배장소로 하나둘 입장하며 들어오는 성가대원들과 지도 선생님, 반주자 선생님! 성가대 가운을 한 명 한 명 꼼꼼히 입혀주시는 선생님들의 손이 분주합니다. 성가대가 앞에서 일렬로 서서 찬양과 율동을 하면 전체가 함께 따라 하면서 예배는 시작됩니다.

안녕 안녕 안녕 친구들♬
안녕 안녕 안녕 선생님♪♬

예배 시작을 알리며 서로가 반갑게 인사하는 찬양을 합니다. 기분 좋은 동민이는 큰 체구로 몸을 좌우로 흥겹게 흔들며 즐겁게 찬양을 합니다. 마이크를 가까이 대고 목소리도 우렁차게 찬양하는데 그 모습이 얼마나 대견한지 모릅니다. 그 옆의 근후는 자기

자리에서 이탈하여 한쪽 구석에서 찬양을 합니다. 선생님이 제자리를 찾아주면 바로 들어가 자기 자리에서 성실하게 찬양을 이어갑니다. 정석이는 우리 밀알부 성가대에서 가장 목소리가 크고 찬양을 씩씩하게 잘하는 학생입니다. 누가 뭐라 해도 음정. 박자. 가사를 정확히 부르며 최선을 다합니다. 가사 한 소절을 놓치면 놓친 가사를 속도를 내어 빨리 말하며 가사를 읽어가는데, 모두들 그 모습을 보고 미소를 보내며 격려를 아끼지 않습니다. 정우는 얼마나 진지하고 의젓한지 모릅니다. 큰 키에 잘생긴 외모로 어깨를 쭉 펴고 진지하게 음정을 잡아가며 찬양에 집중하는 모습입니다. 우리 윤서는 오늘따라 유난히 기분이 안 좋아 보입니다. 찬양대열에 합류했지만 찬양을 하지 않고 그냥 서있기만 합니다. 그러나 담당 선생님이 어떻게 달랬는지 잠시 후 기분이 풀어져 다시 찬양을 열심히 합니다. 그 모습이 너무나 귀엽습니다. 다 같이 찬양에 집중하는 동안 한 친구가 찬양을 부르다 밖으로 뛰어나가려 합니다. 담당 선생님이 학생을 안으며 제자리를 찾아줍니다. 그 친구는 다시 열심히 찬양합니다. 그러다가 다시 뛰어나갑니다. 그러나 이내 자기 자리로 돌아와 언제 그랬냐는 듯 귀엽고 밝은 미소로 찬양을 이어갑니다. 옆에 있는 의준이는 시종일관 악보를 열심히 보면서 찬양을 부릅니다. 가장 귀여운 막내 대휘는 밝은 미소와 기쁜 얼굴로 형들이 하는 찬양을 열심히 따라 부릅니다. 성가대원 한 사람 한 사람을 보면서 그렇게 우리 밀알부 예배는 사랑으로 감사로 은혜로 충만해집니다.

찬양, 기도, 헌금순서가 지나고 드디어 성가대의 본격적인 찬양이 시작됩니다. 지도 선생님의 차렷 경례소리에 이어 인사를 합니다.

주께 찬양해 손뼉 치면서 🎵 ♪
주께 감사해 ♩
랄라라 랄라 🎵
라라라 랄라라 🎵

초반에 산만하고 각자 분주했던 것과 달리 피아노의 전주가 이어지면 학생들은 이내 하나가 되어 열심히 찬양에 집중하는 모습을 보여줍니다.

성가대를 보면서 선생님들, 학생들 모두가 하나 되어 따라하며 신나게 찬양하고 하나님께 영광을 돌립니다. 찬양이 끝나면 박수가 쏟아지고 아멘으로 화답합니다.

있는 그대로의 모습으로 온 맘과 정성으로 드려지는 밀알부 학생들의 순수한 찬양이 얼마나 은혜가 되고 기쁨이 되는지 모릅니다. 저는 매 주일 이 시간이 너무도 행복합니다.

  하나님께서 이 모습을 보시고 얼마나 좋아하실까요.

함께하시는 하나님

밀알청년2부 이길례

인내와 단련의 세월

성장발육 시기가 너무 늦어 온 가족의 마음을 초조하고 불안하게만 하였던 딸 강빛나를 데리고 집에서 가까운 개척교회를 찾아가, 예배를 드리며 성도들과 교제를 나누고 즐겁게 신앙생활을 했습니다. 그러나 적응하지 못하는 딸 때문에 마음 한구석으로는 편치가 않아 예배에 집중하기가 쉽지 않았습니다. 목사님과 성도님들은 이런 저를 보며 열등의식과 과잉보호 때문이라며 위로하고 설득하려 했으나 마음속으로는 무척 괴로웠습니다. 이것을 믿음과 기도생활로 이겨보려는 제 자신의 심신은 어느덧 지칠 대로 지쳐있었습니다. 친절과 사랑으로 다가오시는 목사님과 성도님들의 기도로 이 고통을 견딜 수 있었지만, 딸이 적응하는 데 어려움을 겪는 예배시간에 이를 지켜보며 사탄의 사슬에 묶여 부정적인 생각으로 힘들어했습니다. 그럼에도 불구하고 한 영혼이라도 더 전도하기 위해서 노력하는 개척교회에 다니고 있었기에, 모든 행사마다 열심히 참여하고 협력해야 선을 이루신다는 하나님 말씀을 생각하며 그 교회에 계속 출석하였습니다.

남서울은혜교회

그러던 중 그동안의 기도응답으로 딸아이는 밀알그룹홈에 입소하게 되었습니다. 그리고 남서울은혜교회에서 예배드리는 것을 너무 좋아하며 행복해하였습니다. 세월은 흘렀고 강빛나는 어느새 훌쩍 자랐습니다. 남서울은혜교회에서 예배를 드리는 딸 덕분에, 부모님 초청행사가 있을 때면 가끔씩 오게 되었습니다. 그때마다 목사님이 설교하시는 강단 아래에서 은혜로 충만한 청년들이 찬양에 맞추어 율동하며 행복해하였는데 이것은 언제나 변함없는 광경이었고, 그 어디에서도 볼 수 없었던 장애인에 대한 차별 없는 예배였습니다. 저는 박수를 치면서 정신없이 바라보며 기쁜 마음으로 예배에 참석하곤 했습니다. 한번은 딸아이가 저의 등을 툭툭 치면서 저를 홍 목사님께 소개시켰습니다. "엄마, 홍 목사님이셔." "목사님, 우리 엄마에요." 딸아이로부터 많이 들어서 익히 알고 있었던 홍 목사님께 인사를 드렸습니다. 홍 목사님을 모시고 와서 좋아하고 기뻐하는 우리 딸이 엄마를 많이 불렀다고 하셨습니다.

  딸아이가 그동안 자기 의사표현을 하고 명랑하게 변하는 모습을 기쁜 마음으로 지켜봐오던 저는 어느 순간 무엇인가를 깨닫게 되었습니다. 강빛나가 더 좋은 모습으로 변할 수 있었던 것은 장애 유형에 맞추어 베풀어주신 배려와 사랑, 겸손, 넉넉함 때문이었음을 알게 되었습니다. "하나님 아시지요? 제 마음" 하며 저의 삶을 하나님께 맡기고 기도하였습니다.

그러던 중 2012년에 22년 섬기던 교회는 풍족한 재정으로 어려움 없이 5층 건물로 건축을 하였습니다. 저는 기쁘고도 홀가분한 마음으로 그해 6월 남서울은혜교회에 등록하여 교육을 받고 딸과 함께 예배를 드리며 봉사하게 되었습니다. 그동안 딸한테 미안하여 "엄마도 너와 함께 남서울은혜교회에 등록하여 같이 다닐까?"라고 물어보면 "엄마 교회에 가요, 목사님한테 혼나요"라고 하며 저를 기다렸던 딸의 말과, 모든 인도하심이 성령님의 뜻이라는 것을 알게 되었습니다. 갈등했던 날들은 인내와 단련으로 저를 사용하고자 하시는 하나님의 뜻이라는 것도 깨닫게 되었습니다.

함께하시는 하나님

밀알청년2부에서 딸과 예배를 드릴 때마다, 행복해하는 청년들과 수고하시는 강헌구 목사님, 그리고 안재현 부장님과 선생님들의 사랑과 헌신을 바라보며, 나이가 들어 점점 쇠약해지는 부모 역할에 한숨이 절로 나왔습니다. 장애인을 가진 모든 부모님들의 기도인 '영원한 삶의 터전'이 이루어지게 해달라고 오늘도 기도해봅니다. 지금까지도 저와 함께해주셨던 하나님께서 이 모든 것을 이루어주시리라 믿고 기도하며 기다려봅니다. 장애인을 자녀로 둔 부모는 불행한 부모라고 많은 사람들이 생각할 수도 있습니다. 그러나 저는 달리 생각합니다. 결코 불행하지 않습니다. 성숙한 하나님의 자녀는 행복과 불행을 걸러낼 줄 아는 그런 사람들입니다. 오늘도 '기도할 수 있는데'라는 제목의 찬송가를 부르며 하나님의 인도하심에 따라 살렵니다.

선한 영향력이 있는
그리스도인의 삶이
되도록

농아학생부 임서희

제가 진정으로 주님을 영접하고 만난 때는 2006년이었습니다. 어려서부터 부모님의 손에 이끌려 교회에 나가는 일은 제게 익숙한 일상 중 하나였습니다. 그러나 날이 갈수록 잦아지는 부모님의 싸움 끝에 가정이 깨어지고, 부모님의 이혼으로 제 삶의 많은 부분들이 바뀌게 되었습니다. 특히 아버지의 부재에 대한 외로움을 느끼기 시작하였습니다. 그렇게 제 삶에 채워지지 않고 부족하다고 느낀 사랑을 저는 다른 엉뚱한 것들 가운데서 찾아 채우려고 했습니다. 하지만 제 허전함을 다른 어떤 것들로 채운다고 해도 그 만족은 잠깐뿐이었습니다. 제 허전함을 채울 것이 있는 곳을 계속 찾아다니면서 오랫동안 심리적 방황을 했습니다.

그러다가 한 친구에게 농인(청각장애인)들이 모여서 예배하는 곳이 있는데 가보지 않겠냐는 제의를 받았습니다. 어려서부터 저는 수화(저의 모국어)가 아닌 다른 언어로 예배를 드려왔기 때문에 하나님이 어떤 분이신지 잘 알지 못하였습니다. 그래서 친구의 제의를 통해 농인들이 있는 교회로 옮기게 되었습니다. 저의 언어인 수화로 예배드리면서 엉켜진 마음이 치유되고 제 안에 주님이 계심을 경험하게 되었습니다. 그 경험을 한 순간, 제 허전함을 채울 수 있는 분은 오로지 주님밖에 없음을 깨닫게 되었고, 제 삶의 주인을 주님으로 모시겠다고 약속했습니다. 그때가 바로 처음 말씀드린 2006년 그때였습니다. 덕분에 제 삶의 가치를 찾게 되었고 자존감이 회복되었으며 죽어있던 활력이 살아나게 되었습니다. 이와 같이 제 삶은 360도 변화하게 되었습니다.

그때부터 부서 안에서 저는 최연소라는 수식어가 붙는 임원활동으로 총무의 역할을 감당하게 되었고, 또한 찬양인도자의 역할까지도 감당하기 시작했습니다. 뿐만 아니라 복수하고 싶은, 용서할 수 없는 사람들까지도 용서하고 품을 수 있는 너그러운 마음과 사랑하는 마음을 주님은 부어주셨습니다.

지금은 입시 삼수 생활을 끝내고 대학생이 되었는데 전과는 달리 혼자만의 시간 중에서 주님을 향한 감사 제목들이 많아지기 시작했습니다. 처음에 제가 농인이다 보니 통역서비스를 받는 것에 대한 걱정이 많았습니다. 하지만 모든 걱정들을 주님께 맡기고 보니 자연스럽게 학교 측에서 먼저 통역서비스를 지원해주어 문제가 해결되었습니다. 또 다른 감사는 제가 경제적으로 매우 어려운 가정 형편에서 자라다보니 학교 등록금에 대한 문제도 있었는데 이 또한 주님의 은혜와 인도로 여러 장학금을 통해서 해결되었다는 것입니다. 그때 저는 '제 삶의 주인이 주님임을 인정하여야 비로소 주님이 제 필요한 부분을 다 채워주시는구나'라고 깨닫게 되었습니다. '주님이시기에 모든 것이 다 가능한 일이구나'라는 생각이 들어 모든 제 삶이 하나님의 은혜임을 고백하고 싶습니다. 그리고 지금은 농아학생부 교사로 활동하고 있는데 학생들의 초롱초롱한 눈망울에서 주님의 사랑을 느끼게 하심을 주님께 감사드립니다.

저는 사도 바울의 고백처럼 다윗의 고백처럼 하나님에 관해서 아는 사람이 아닌, 하나님과의 깊은 관계 맺기를 원하는 진정한 그리스도인이 되고 싶습니다. 제가 가는 곳마다 만나는 사람마다 그리스도의 향기가 퍼져나가는 선한 영향력이 있는 그리스도인의 삶이 되도록 많은 기도를 부탁드립니다. 우리들과 함께 동행해주시는 주님과 남서울은혜교회 성도님들에게 감사드립니다.

모두를 주님의 이름으로 축복합니다! 사랑합니다!

PART 03
짝사랑, 기다려주는 사랑, 하나님의 사랑

짝사랑
기다려주는 사랑
하나님의 사랑

PART 03

누군가 나에게 단 한 가지의 소원을 묻는다면 나는 조금도 주저 없이 이렇게 말한다. 우리 부부가 다음 세상에서 다시 부부의 인연으로 만나 남편은 조금 불편한 사람, 나는 건강한 사람이 되는 것이다. 그것은 내가 높은 구두 신고 걷고 싶어서도 아니고 남편의 팔짱 끼고 걸어보고 싶어서도 아니다. 다만 한 가지, 그때는 내가 남편이 나에게 베푼 지금의 사랑에 조금이나마 보답이라도 할 수 있을 테니 말이다. 비록 남편이 나에게 주는 사랑에는 비교도 할 수 없을 테지만.

"늘 짝사랑"입니다

율알학생부 이정순

자의반 타의반으로 시작했던 밀알학생부.

한번 와서 예배드려 보고 결정하라는 송 집사님의 강압적인 인도에 이끌려 시작한 게 어느새 12년째가 되었습니다.

처음으로 소개받은 학생이 중학교 3학년 최준구였습니다. 성가대에서 나를 바라보는 눈빛이 강렬했고 그 눈빛에 이끌리어 준구와 짝이 되었지요.

우리 준구는 달리기를 잘하는 마라톤 선수지요. 정리정돈 잘하고 많이 먹어도 살 안 찌는 준구. 말할 때면 두 눈 동그랗게 뜨고 차렷 자세로 또박또박 말하는 귀여운 준구.

준구와 정들면서 두렵고 떨리던 마음이 어느새 사라지고 준구와 함께 밀알부에서 예배드리는 게 내 일상의 한 부분이 되었답니다.

준구가 고등학교 졸업하고 청년부에 올라갔습니다.

다음엔 한재영을 만났습니다.

착하고 조금은 시끄러운, 꼼꼼한 성격의 재영이를 중학교 1학년 때 만났습니다.

주일 밀알예배 때마다 만났고 한 달에 한 번 토요일에 가는 사회적응 때도, 또 여름이면 해마다 가는 2박 3일 수련회 때도 만났습니다. 재영이와 함께 산, 강, 공원 그리고 여름 바닷가 등 좋은 곳을 많이도 다녔습니다.

재영이와 6년간의 만남이 대략 360일 정도. 가족 빼고 세상에서 가장 많이 만난 사람이지요. 그렇습니다. 언제부터인가 재영이는 내 마음속 깊이 아들이나 조카 같은 익숙한 존재, 가족이 되어버렸어요.

재영이도 고등학교를 졸업하고 청년부로 올라갔습니다. 그런 재영이와 헤어질 때 많이 섭섭했어요. 그런데 재영이는 선생님 마음을 아는지 모르는지 의연하게 청년부에서 적응 잘하고 있습니다.

이번엔 김정우를 만났습니다.

키가 크고 온순하고 착하고 그림도 잘 그리는 정우.

고등학교 1학년인 정우와 함께 드리는 밀알학생부 예배는 은혜의 시간이랍니다. 성가대인 정우가 앞에서 찬양하면 맨 뒤에 앉은 내 귀에 정우 목소리가 잘 들리지요. 처음엔 목소리가 작았는데, 열심히 나만 쳐다보며 큰 목소리로 부르라는 선생님을 바라보면서 자신감이 생기는지 찬양 소리가 점점 커져 이젠 우렁찬 목소리로 아주 잘 부른답니다.

정우와 정이 푹 들 때쯤이면 정우도 청년부에 올라가겠지요.

또한 우리 조 여러 학생들 하나하나가 다들 어찌나 예쁜지….

말도 잘 안하고 아래만 쳐다보던 윤오가 기분이 좋았는지 수련회 갔다 오는 차안에서 노래를 흥얼거릴 때는 정말 감격이었지요. 선생님들 모두 놀랐어요. 잘한다 잘한다 했더니 윤오가 더욱 신나게 흥얼거립니다. 마치 내 아이 어릴 적에 처음으로 말하는 것 들었을 때처럼 기뻤답니다.

아토피가 심했던 수진이가 바다에서 튜브 타고 놀다 나왔더니 뻘겋던 피부가 가라앉았던 일….

바다까지 수박을 가져와 바닷물 안에서 수박을 맛있게 먹는 아이들을 볼 때 나처럼 모든 선생님들의 피로가 사라졌을 것입니다.

이번 여름 수련회에서도 에어바운스에서 땀을 뻘뻘 흘리면서 신나게 노는 아이들을 보면서 어찌나 좋던지요.

풀장에서 신나게 물놀이 하는 모습을 보면 나도 신나구요. 많은 선생님들도 아이들이 물에서 놀면 물에 같이 들어가 놀아주고요. 그저 아이들이 좋아하면 함께 좋아합니다.

아이들이 예뻐서도, 놀다가 다칠까봐서도, 그저 아이들을 바라보는 해바라기이지요.

그런데 우리 선생님들은요,

늘 짝사랑이랍니다.

이렇게 정들었던 학샇들, 청년부로 올라가지요.

우연히 만나면 어찌나 반가운지 "준구야~~", "재영아~~" 큰 소리로 부르지요.

이름 부르면 잠깐 쳐다보고 가려고 합니다.

나는 쫓아가서 끌어안고 "잘 지냈어? 나 누구야? 선생님한테 인사해봐~"라며 반가워합니다.

준구와 재영이는 인사도 하고 "이정순 선생님"이라고 대답도 합니다. 그런데 나만 반갑고 이쁘고 혼자서 좋아서 어쩔 줄 몰라 합니다.

이 녀석들… 데면데면합니다.

속으론 우리 아이들도 반갑겠지요?

수서복지관에서 봉사하는 날에도 우리 밀알부 학생들을 만나지요. 식당에서 배식할 때 아이들을 만나면 교회에서 보는 것보다 어찌나 더 반가운지 많이 먹으라며 맛난 거 더 주게 됩니다.

마천동 굿윌에 가서도 마찬가지입니다. 반갑고 이쁘고 밖에 나가서 우연히 만난 내 새끼마냥…. 그곳에서 밀알부 학생들이 어찌나 의젓하게 일을 잘하는지요.

참 감사하고 감사하지요.

살다 보면 힘들고 어려울 때도 있고 원하지 않은 일도 생기지요.

그러다 주일날 밀알부 예배에서 우리 친구들을 만나고 하나님께 드리는 찬양을 율동과 함께 큰 소리로 부를 때 그 찬양이 내 마음의 간절한 기도가 되고 아이들 부모님의 기도가 되고…. 표현은 못하지만 찬양이 아이들 마음의 기도라는 것도 알지요.

그러다 보면 세상에서 힘들고 어려웠던 문제들… 모두 잊어버리게 되고 그 문제보다 더 크신 하나님의 위로로 평강을 누리게 됩니다.

그 복잡하고 심난한 마음은 어디론가 사라져버리고 나도 모르게 아이들과 같은 동심이 되어버리지요.

천사 같은 아이들과 함께 생활하면서 나도 순수한 어린아이처럼 되는 거지요.

이렇게 밀알학생부 예배는 축복의 통로가 되었지요.

사랑의 주님~

늘 즐겁고 행복한 우리 아이들이 앞으로도 쭈욱 그렇게 한결같이 즐겁고 행복하게 살아가게 하시옵소서.

키가 자라듯 지혜도 함께 자라게 하시고 청년이 되어서도 지금처럼 즐거운 날만 있게 하시옵소서.

우리 아이들 마음에 성령님께서 항상 함께하여 주시옵소서.

졸지도 않으시고 주무시지도 않으시는 주님께서 우리 아이들을 눈동자같이 지켜주시옵소서.

아이들이 청년이 되어서 더욱 주님께 사랑받고, 주님께 기도하며 주님과 동행하는 삶을 살게 하시옵소서.

겉으로 보이는 장애뿐 아니라 누구에게나 마음속에 있는 감춰진 장애(정도의 차이는 있지만)도 인내하며 잘 견디어 믿음으로 극복하게 하시고 더불어 함께 살아가는, 하나님 보시기에 아름다운 세상살이가 되게 하여주시옵소서.

천국에서 아름답고 빛나는 청년으로 만나길 소망합니다.

가버나움의 친구들처럼

밀알학생부 윤정석 어머니

안녕하세요. 저는 밀알학생부 1학년 윤정석 엄마입니다. 우리 교회 성도라면 누구나 장애인들을 볼 수 있지만 저는 결혼하고 아이를 낳기 전까지 장애란 것에 대한 생각이 부족했습니다. 제 이야기를 하자면, 어려서부터 교회를 다니며 봉사했고, 결혼하고 나서도 봉사를 계속 하면서 위로 큰딸, 아래로 두 아들을 낳고 살았습니다.

그러던 어느 날 동네 아주머니가 정석이를 보고 병원에 한번 가보라고 권유하였습니다. 그 당시 제가 알고 있는 장애라는 것은 시각장애, 청각장애, 신체장애만 있는 줄 알았습니다. 발달장애, 자폐성장애라는 병명을 듣고 너무나 충격적이어서 그때 1년 정도의 기억이 제 인생에서 사라졌습니다. 인생의 모든 것을 다 기억하지는 못하지만, 3~4세에 내 아이가 장애가 있다는 것으로 진단받은 그 1년은 지금도 기억에 남아있지 않습니다.

사랑은 내리사랑이라고 자식 아픈 것이 얼마나 힘든 일인지 그때 확실히 알았습니다. 말도 못하고 웃지도 않고 엄마에게 관심도 없는 정석이가 어느 순간 평범한 아이들처럼 "엄마!!"라고 부르며 제게 다가올 것 같은 상상을 자주 하며 눈물 흘리던 힘들고 힘든 시간이었습니다.

그때 저희 가족은 옥수동에 있는 순복음교회를 다니고 있었습니다. 어려서 정석이가 가만히 있지 못하고 시끄럽게 하면 주변 집사님들이나 유치부 선생님들은 어리기 때문에 그렇다고 생각했지만, 장애진단을 받고 아이가 하는 행동을 어느 정도 이해하고 나서는 주변 사람들이 부담스러워한다는 것을 느꼈습니다. 대예배를 드린다는 것은 꿈도 꾸지 못하고 저는 아이와 함께 유치부에서 예배를 드렸습니다.

그러던 중 친정 엄마의 권유로 친정집 근처로 이사 오게 되었습니다. 제가 계획한 것도 아니고 한 번 만나본 어떤 분의 권유로 강남구에 있는 통합 어린이집에 입학하게 되었습니다. 그 어린이집에 다니면서도 우리 가족은 멀리 자동차로 옥수동까지 교회를 다녔고 저는 계속 유치부에서 정석이와 예배를 드렸습니다.

어린이집에 와서 알게 된 많은 엄마들은 교회를 다니고 있었고 그 엄마들은 모두 대예배를 드리고 있었습니다. 몹시 부러웠지만 교회를 옮기는 것은 쉽지 않아 고민하다가 결단을 하고 우리 가족 모두 남서울은혜교회로 옮기게 되었습니다. 그리고 그때부터 대예배를 드리면서 다시 한 번 은혜를 받았습니다.

'지금까지 지내온 것 즈의 크신 은혜라.' 정말 주님은 제 등 뒤에서 모든 것을 허락하시고 길을 열어주시며 자녀답게 믿음생활을 할 수 있도록 남서울은혜교회로 저의 발걸음을 인도하셨습니다.

 마음이 아픈 엄마들이 모여서 구역예배도 드리고 서로의 아픔도 나누며 위로하고 의지가 되는 관계로 발전하면서 제 신앙도 차츰 되돌아오게 되었습니다. 또 우리 가족은 정석이로 인하여 가족예배도 드리고 기도도 많이 하며 신앙을 더 키워나가게 되었는데, 예배드리던 중에 나눴던 말씀을 가족신앙의 중심으로 삼으면서 살게 되었습니다. 예수님이 가버나움에 계실 때, 많은 사람들이 병을 고치러 모여들어 집안으로 들어갈 수 없던 (중풍병자를 데려온) 4명의 친구가 지붕을 뜯어 구멍을 내고 병자를 달아내린 장면에서 예수님이 그의 믿음을 보시고 죄를 사하셨습니다. 우리 가족은 그 병자를 데리고 지붕 위까지 올라갔던 4명의 친구들에게 많은 은혜를 받았습니다. 정석이를 멘 우리 4명은 혼자서 스스로 기도하지 못하고 하나님을 알지 못하는 정석이에게 4명의 친구들과 같은 존재로 살아가리라 생각했습니다.

 구원은 하나님께 있습니다. 하지만 이 세상에서 정석이를 위해 끊임없이 기도하고 중보하는 네 사람이 되기 위해 열심히 기도할 것입니다. 또한 유치부, 유년부, 소년부, 밀알학생부까지 제가 신앙을 유지할 수 있도록 정석이를 돌봐주신 많은 선생님들과 지원해주신 교회와 하나님께 감사하며 저도 교회와 버디 친구들을 둔 부모님들을 의해 기도하며 봉사하겠습니다.

살아계신 하나님

밀알청년2부 정영숙

오늘 아침도 출근하며 아들은 번쩍 엄지를 들어 보입니다. 잘 다녀오라고 하며 나도 힘껏 엄지를 들어 보이며 하나님께 '감사합니다' 하고 마음속 깊이 몇 번씩 되뇌어봅니다.

서영준… 33세… 지적장애2급… 우리집 장남입니다.

영준이는 장애를 가지고 태어났습니다. 다운증후군에다가 심장에 큰 구멍까지 나있었습니다. 영준이는 바로 인큐베이터에 들어갔고 폐렴에 황달까지 겹쳐 힘든 상황이었습니다. 담당선생님은 돌을 넘기기가 어려울 것 같다고 했습니다. 철렁 가슴이 내려앉았습니다. 몇 개월 뒤 신생아실에 더 있을 수 없어 퇴원하게 되었는데, 간호사 언니는 잘 배워서 집에서도 하라며 코로 우유 먹이는 법을 가르쳐주는 것이었습니다. 31살 저에게는 너무나 가혹한 시련이었습니다. 코로 우유를 먹이며 눈물로 한숨으로 지냈던 날들을 기억합니다. 그 후에도 수차례 영준이는 입원과 퇴원을 반복했습니다. 참으로 안타깝고 어두운 시절이었습니다.

그 후 영준이 아빠는 쿠웨이트 한국대사관으로 해외근무 발령을 받게 되었습니다. 사막 나라에 심장이 약한 영준이를 어떻게 데려가겠냐면서 영준이를 친정부모님이 맡아주시기로 했습니다. 아들을 두고 떠나는 서운함보다 걱정덩어리 아들을 맡아주시겠다는 부모님의 말씀이 더 고맙고 반가웠던 사실을 고백합니다. 그로부터 4년 뒤 우리는 귀국했습니다. 영준이는 많이 자라서 걸음도 걸을 수 있게 되었습니다(영준이는 4살까지 누워 있었습니다). 그러나 서울 생활을 우리와 함께 하는 데에는 문제가 있었습니다. 날마다 "엄마 싫어", "외할머니한테 갈꺼야" 하면서 집을 나가는 통에 매일 영준이를 찾으러 다니는 것이 큰 일과 중 하나였습니다. 또한 누나와 동생 사이에 매일 전쟁이 그칠 날이 없었습니다. 힘들고 지친 나는 거실 한 모퉁이에서 새벽기도를 드리기 시작했습니다. 그야말로 눈물의 기도였습니다. 몇 달이 지난 어느 날 누군가가 내 손을 살그머니 잡았습니다. 눈을 떠보니 영준이었습니다. "엄마 좋아요" 하면서 조그마한 소리로 말하는 영준이를 부둥켜안고 하염없이 울었습니다. 우리의 신음에도 응답하시며 우리의 기드를 들으시는 하나님을 만난 것이었습니다. 그날 이후로 영준이를 데리고 말씀과 찬양이 있는 곳에는 열심을 내어 참석했습니다. 영준이는 찬양하고 예배드리는 것을 유난히 좋아했습니다.

  영준이가 일산학교에 입학하게 되었는데, 그해에 하나님은 뜻밖의 체험을 하게 하셨습니다. 전국 장애인학교 체육대회가 있던 날이었습니다. 올림픽경기장에 전국 장애인 학생들이 모였습니다. 나무로 동그랗게 둘러싸여 있는 운동장에 가득 모인 학생들, 그중에는 대열에서 뛰쳐나와 달아나는 학생, 그 학생을 잡으려고 함께 뛰는 선생님, 고함소리, 웃음소리로 가득했습니다. 그런데 그 순간 하늘에서 운동장으로 하나님 사랑이 빛으로 쏟아져 내리는 것이었습니다. 나는 감격하여 숨을 잘 쉴 수가 없었습니다. 그들은 하나님이 사랑하시며 아끼시는 아들들이었던 것입니다. 영준이 또한 하나님이 주신 너무나 귀한 선물이라는 것도 다시금 깨닫게 되었습니다. 그 감격은 오늘의 장애부서 교사가 되는 데 큰 밑거름이 되었습니다. 그 후 러시아로 헝가리로 해외근무를 나가며 항상 영준이와 동행했고 그때마다 하나님은 놀라운 도움의 손길을 보내주셨습니다.

영준이와 나는 남서울은혜교회 장애부서 밀알청년2부에서 함께 활동하고 있습니다. 벌써 14년이 다 되어갑니다. 처음 아만나부서에 왔을 때 나는 느낄 수 있었습니다. 내가 스스로 온 것이 아니고 하나님께서 보내셨음을, 또한 말할 수 없는 힘과 기쁨으로 채워주심을, 그 힘으로 섬길 수 있음을…. 장애인과 비장애인이 하나가 되어 찬양하며 기도하며 서로 위로하며 함께 웃고 함께 우는 모습이 너무나 아름다웠습니다. 바로 여기다 싶었습니다.

살아계신 하나님은 지금도 날마다 영준이를 만나주십니다. 영준이가 새벽에 드리는 기도 속에서 또한 새벽마다 성경말씀을 쓰는 그 시간 속에서…. 의사선생님은 돌을 넘기기 어려울 거라 했지만, 하나님과의 만남을 통해 영준이는 어엿한 직장인이 되었고 밀알청년2부의 찬양팀원으로 또한 4부예배 때 앞에 나가 온몸과 마음을 다해 찬양드리는 청년으로 자라가고 있습니다.

어떠한 상황에서도 항상 함께하시는 하나님께 감사드리며 또 앞으로 하나님께서 하실 일을 기대합니다. 빌립보서 말씀을 마음에 새기면서….

"너희 안에서 착한 일을 시작하신 이가 그리스도 예수의 날까지 이루실 줄을 우리는 확신하노라"(빌립보서 1:6).

아멘.

예수님께서 두로 지방을 다니신 후 갈릴리로 돌아오셨을 때 사람들이 귀먹고 말 더듬는 자를 데리고 나아와 안수하여 주시기를 간구하자, 예수님은 무리를 떠나 그를 따로 데리고 가서 그의 귀에 손가락을 넣고 그의 혀에 손을 대시며 하늘을 우러러 탄식하시고 "에바다"라고 하셨습니다. 그러자 그의 귀가 열리고 혀의 맺힌 것이 풀리는 기적이 나타났습니다(마가복음 7:31~36).

'에바다'는 청각장애인(농인)에게 보여주신 예수님의 사랑입니다. 사람들은 눈앞에서 기적 행하시기를 원했겠지만, 예수님은 농인과의 깊은 대화를 소중하게 여기시고 그와 함께 사람들을 떠나셔서 아주 특별한 방식, 즉 수화로 말씀하셨습니다. 이때 하늘을 우러러보며 탄식하셨는데, 이는 청각장애로 인해 복음을 들을 수 없는 농인의 처지를 안타깝게 여기셨기 때문일 것입니다.

이제 우리 교회에 농아부가 생긴 지 만 15년이 지났습니다. 지난 세월을 돌아보면 우리의 기도와 노력이 부족하여 소식이 끊어진 형제들도 있어 안타까움이 있지만 그럼에도 매순간 하나님께서 베푸신 은혜를 기억하면 감사할 뿐입니다. 제가 농아부에서 처음 수화를 배우고 농아부의 여러 지체들과 교제한 시간을 돌이켜보면 절로 눈물이 납니다. 이 눈물은 슬픔이나 아픔의 눈물이 아니고 그저 하나님의 사랑이 느껴져 흐르는 감동의 눈물입니다.

농아부 예배에서 농인 형제자매님들이 기도하는 모습을 보거나 농인(聾人)과 함께하려는 마음에서 서툰 수화로 기도하는 청인(聽人)의 모습을 보면서 하나님의 사랑을 느낍니다.

다른 부서와 마찬가지로 우리 농아장년부의 지체들도 많은 사연을 갖고 있습니다. 말을 못 듣는다는 이유로 학대를 받아 어릴 때 가출한 후 장년이 될 때까지 노숙 생활을 전전한 이력을 갖고 있는 김 집사님은 학교 교육을 받은 적이 없으며 자신만의 독특한 수화를 사용하여 다른 농인과의 대화조차 쉽지 않았습니다. 사실 대예배 시간에 농인들이 수화통역을 통해 설교를 이해하는 데에는 많은 한계가 있어 지루하기 쉽지만 그렇다고 김 집사님이 조는 법은 없습니다.

어떤 농인 자매님은 초등학교 1학년을 다니다 말았습니다. 처음 만났을 때 이 자매님은 수화를 할 줄 몰랐고 굉장히 내성적이어서 교회에 나오면서도 늘 우울했고 누구와도 대화하지 않았습니다. 그렇게 세월이 흘렀는데 어느 날 노트를 가져와 보여주며 매일 성경을 쓰고 있다고 자랑했습니다. 이제는 한 주간에 있었던 이야기도 하고 먼저 다른 사람에게 말을 건네고 성경공부하는 것을 누구보다 좋아합니다.

흔히 중년 부부의 위기는 대화 부족 때문이라고 합니다. 저희

공동체에 한 농인 부부가 있습니다. 이미 자녀가 중고등학교를 다니는 나이지만 다른 사람과는 물론이고 부부 간에도 거의 대화가 없었습니다. 다른 이유가 아니라 두 분 다 수화를 몰랐기 때문이었습니다. 교회에 나오면서 수화를 익혔고 이제는 부부가 서로 자유롭게 대화하는 모습을 봅니다. 이 부부를 생각하면 부부가 서로 듣고 말할 수 있다는 것에 감사해야 하지 않겠습니까?

우리가 가진 것이 부족합니까? 부족한 자들이 어떻게 만족하며 사는가를 농아부에서 볼 수 있습니다. 비장애인 중에 어떤 이들은 장애인을 대할 때 육체의 강건함을 자랑하고 지배하려 하지만, 저는 농아부를 통해 은혜의 말씀을 깨닫습니다. 하나님께서는 연약한 육체를 부르셨습니다.

"그러나 하나님께서 세상의 미련한 것들을 택하사 지혜 있는 자들을 부끄럽게 하려 하시고 세상의 약한 것들을 택하사 강한 것들을 부끄럽게 하려 하시며"(고린도전서 1:27).

물론 청인 중심의 사회에서 농인이 살아가기 쉽지 않고 특히 복음을 받아들이는 데 많은 어려움을 갖고 있습니다. 흔히 눈으로 볼 수 있으니 농인들도 성경을 읽을 수 있지 않느냐고 합니다만,

어릴 때부터 소리를 통해 자연스럽게 단어의 의미를 익히는 청인들과 달리 소리를 들은 적도 없는 농인에게는 어린아이가 아는 단어조차 낯설고 어렵습니다. 예수님께서 이런 농인의 처지를 아시고 그가 이해할 수 있는 방법으로 대하셨던 것처럼, 청인들이 지금보다 더 농인의 입장에서 생각하고 그들을 존중하며 느리더라도 그들과 함께 손잡고 갈 수 있기를 바랍니다.

때로는 친근한 친구처럼, 때로는 기댈 수 있는 가족처럼

농아학생부, 농아장년부
이준 전도사

농아학생부 사역한 지 6년.

농아장년부 사역한 지 1년.

지금까지 농아학생부와 농아장년부를 맡고 섬기는 것 자체가 참 행복합니다.

저는

매주 기대되는 부서,

오래 다니고 싶은 부서,

하나님의 말씀에 가슴이 뛰는 부서,

기분 좋은 도전을 주는 부서,

가족만큼 서로 끈끈한 부서,

그런 부서가 되었으면 하는 마음으로 지금까지 사역해오고 있습니다.

농아학생부 사역을 하면서 항상 잘 웃어주고, 행복하게 해준 소중한 친구들이 있기에 참 행복합니다. 하지만 10대들이라면 누구나 가질 수 있는 자기 삶에 대한 꿈, 희망들을 주위 사람들의 부정적인 말로 인해 잃어버리고 방황하는 친구들이 보입니다. 이들에게 주님의 말씀과 인도하심이 필요합니다.

농아장년부 사역을 하면서 항상 가족처럼 따뜻하게 대해주시는 좋은 분들이 계시기에 참 행복합니다. 하지만 사회적 위치나 경제적 여건이 좋지 않아 무거운 짐을 지고 인생을 힘겹게 달려왔던 농아장년들의 모습이 보입니다. 이들에게 주님의 사랑과 평안이 필요합니다.

무엇보다도 모든 이들에게 진정으로 하나님과의 예배가 너무나도 절실합니다. 그러기에 저는 많이 부족하지만 매일 하나님과의 친밀한 관계 속에 하나님 말씀에 귀 기울임으로 농아학생부와 농아장년부 지체들에게 필요한 말씀을 전하고자 하였습니다.

그렇게 지난 6년간 사역을 맡아 해오면서 오히려 제가 하나님의 사람으로 세워질 수 있었고, 다양한 경험들을 통해 배울 수 있었던 것에 감사합니다.

또한 저는 농아장년부에게 가족 같은 존재, 농아학생부에게 친구 같은 존재가 되어 그들과 함께 그리스도의 사랑의 향기가 널리 퍼지도록 할 수 있었다는 것에 더욱 감사합니다.

저는 기억하고 싶습니다.

누군가가 제가 편안한 친구 같다고 장난을 쳐주고, 누군가가 제가 믿음이 가는 사람 같다고 자신의 고민을 털어놓았다는 것을….

저는 소망합니다.

농아장년부와 농아학생부 지체들에게 때로는 친근한 친구로,

때로는 기댈 수 있는 가족이 되어주어 하나님께 함께 예배를 드리기를….

농아부서는 완벽하지는 않지만, 계속 성장할 것을 소망합니다.

수경이와 세발자전거

아만나부 김재호

해가 뜨고 지기를 수만 번 해도

평생 잊지 못할 사람과

보고 싶어도 못 보는 사람이 있다.

다섯 살로 머물러있는 내 동생 예쁜이.

이젠 머릿속에 단단히 박혀버린

뿔뿔이 흩어진 가족들,

하지만 동생만은 마음속에 있다.

누렇게 녹이 슨 세발자전거와 함께.

한때에는 반짝반짝

남매지간의 징표

앞에는 예쁜이 뒤에는 나

허리같이 굽어진 동네 한 바퀴를 돈다.

그 작은 다리로

삐거덕 자전거 소리 울려,

뒤에 무거움 올려놓고

그래도 즐겁다며 힘껏 페달을 밟는다.

얼마나 밟았을까?
그 조그만 발이 팅팅 붓도록
이 못난 오빠 생각하며
환한 미소 날려주는 예쁜이.

꿈같은 마지막 나들이는
눈물로 끝났는데,
이제 나의 세발자전거는
다시 앞자리에 올 동생 예쁜이를 기다린다.

우리 형아

통합사역부 김헌주

헌주는 남서울은혜교회에서 자라고 있는 민성이(예수마당 아동부)의 동생입니다. 그 형을 이해하고 함께하는 마음이 웃는 모습처럼 무척 예쁜 친구이지요. 우리 교회에는 장애아동이 참 많습니다. 그렇다면 형제도 제법 많다는 건데, 그들이 헌주처럼 밝게 자랐으면 좋겠습니다.

〈우리형아〉

우리 형아는 자폐인 사랑협회 회원이다.

우리 형아가 자폐성 장애인이기 때문이다.

엄마가 그러셨다.

나는 자폐성 장애인이 뭔지 모른다.

우리 형아는 착하다. 다른 형아들을 때리지도 않는다.

엄마 말도 잘 듣는다.

내가 시키는 대로 잘한다.

동생이 디보(애니메이션)를 틀어주라고 하면 짜증도 안 내고 그만해달라고 할 때까지 잘 틀어준다.

우리 형아는 자동차를 잘 그린다.

컴퓨터에서 현대자동차와 기아자동차, 오토바이 등을 뽑아서 색칠도 잘하고 꾸미는 것도 잘한다.

나는 형아가 있어서 엄마가 아빠 회사에 성주만 데리고 갈 때도 형아하고 같이 있어서 무섭지 않다.

형아하고 카트라이더 게임을 하고 있으면 엄마가 아빠하고 성주하고 오신다.

형아가 있어서 안 무서워서 좋다.

형아가 있어서 밀알학교에도 놀러갈 수 있어서 좋다.

형아 학교 선생님은 형아들한테 잘해주신다.

우리 형아에게 칭찬도 많이 해주신다.

밀알학교에 놀러 가면 감각통합실에서도 놀 수 있고 미꾸라지 잡기도 할 수 있어서 좋다.

형아랑 영화를 보러 가고 놀이터에 놀러 가면 좋다.

우리는 가족이니까.

우리 형아가 속상해서 소리질러서 창피할 때도 있다.

사람들이 쳐다보면 창피하지만 엄마가 형아를 잘 달래주어서 괜찮다.

우리 형아는 생각주머니가 조금 작아서 그런다고 하셨다.

우리 형아가 속상할 때 소리지르지 않고 말로 이야기했으면 좋겠다.

우리 형아가 있어서 좋다.

우리 형아를 잃어버릴까봐 걱정도 된다. 그래서 힘들기도 하다.

형아를 잃어버리는 것은 상상도 하기 싫다.

엄마, 아빠가 형아를 잘 돌보았으면 좋겠다.

우리는 가족이어서 좋다.

다시 태어나도
사랑할 사람

아만나부 임영은

나는 50년이란 그리 길지도 그렇다고 짧지도 않은 생을 지체 1급의 장애인으로 살아오면서, 내가 장애인이라고 해서 삶 자체에 장애를 갖고 살지는 않았다. 비록 학교라곤 문턱에도 가보지 못했지만 건강한 사람 못지않게 내 삶을 사랑했고, 먼 훗날 후회하지 않는 생을 살려고 끊임없이 노력하며 살았다. 하지만 가끔은 한 집안의 가장으로, 또한 나에겐 두 다리로, 두 아이들에겐 엄마 역할로, 그런데다가 15년 전부터는 치매와 중풍으로 누워계시는 장모님의 병수발까지 하며 힘겨워하는 남편의 지친 모습을 볼 때마다 나의 장애가 원망스럽고 자꾸자꾸 서러워진다.

지난 몇 년을 되돌아보면 우리 가족에겐 너무도 춥고 어두운 터널이었기에 그 어떤 것도 보이지 않는다. 절망의 끝이 보이지 않는다는 것은 너무도 큰 고통이었다.

남편은 오디오 케이스를 도장하는 조그마한 직장을 다녔다. 그리 많지는 않은 봉급이었지만 알뜰히 생활하면 우리 가족 생활하고 조금은 저축도 할 수 있었다.

남편이 열심히 노력한 대가로 결혼 15년 만에 자그마한 아파트도 분양을 받았다. 너무도 힘겹게 마련한 집이었기에 우리가 당장 들어가 살고 싶었지만 마지막 잔금 치를 돈이 없어 2년 계약으로 세를 주었다.

아파트 열쇠를 손에 쥐던 순간 남편과 나는 얼마나 울었는지 모른다. 장애인이란 이유로 셋방마저도 수없이 거절당했던 것이 생각나서였다. 열쇠를 손에 쥐는 순간 그들의 얼굴이 주마등처럼 떠올랐다. 하지만 그들의 얼굴이 더 이상 밉지 않았다. 어쩌면 그들은 우리 부부에게 단 하루라도 빨리 집을 마련할 수 있도록 채찍질을 해준 고마운 분들이기 때문이다. 비록 당장은 들어가 살지 못해도 이 하늘 아래 남편의 이름 석 자로 등록된 집이 있다는 그 사실만으로도 우리는 너무나 행복했다. 하지만 그렇게 행복한 날은 3개월도 채 못 가, 우리 가족의 생명줄과도 같은 남편의 직장이 불황에 견디지 못하고 문을 닫았다.

퇴직금 한 푼 받지 못한 채 남편은 실직자가 되었다. 처음에는 하늘이 무너지는 것 같았지만 다시 직장을 구하면 설마 우리 식구 굶기야 하겠어 하는 마음으로 위로를 했다. 그러나 많이 배우지도 못하고 특별한 기술도 없는, 나이도 적지 않은 남편을 기다리는 곳은 그 어디에도 없었다. 그렇게 한 달 두 달이 지남에 따라 시간의 길이만큼 그토록 밝던 남편의 말수가 줄어갔다.

그런데다 엎친 데 덮친다고 신경을 너무 써서였을까. 남편의 뇌신경에 이상이 온 것이다. 불행은 불행을 부르듯이 끝없이 어두운 터널의 길이 이어졌다. 뇌수술을 받지 않으면 안 되는데 위험이 많이 따른다는 의사의 말에 나는 난생 처음으로 하늘에 계신 신을 원망하며 울부짖었다. 평생을 휠체어 도움 없이 살 수 없는 운명에도 단 한 번도 그분을 원망한 적이 없던 나였는데 말이다.

결국 남편은 수술 날짜를 받고 병원으로 갔다. 남편이 병원에 입원하던 날, 나는 남편이 병상에서 필요한 소지품을 챙겨주며 자꾸 흐르려는 눈물을 이를 악물고 참았다. 내가 눈물을 보이면 남편의 마음이 더욱 괴로울 거란 생각이 들었기 때문이다. 남편은 뇌수술이란 큰 수술을 받으러 그렇게 쓸쓸히 혼자서 병원으로 갔다.

나는 남편의 뒷모습을 지켜보며 가슴이 미어지는 아픔에 끝내는 통곡과도 같은 울음을 터트렸다. 홀로 병원으로 가며 너무도 외로웠을 남편, 건강한 몸으로 장애 가진 여자를 사랑한 죄로 부모 형제에게마저 외면을 당한 불쌍한 사람이다.

남편이 병원에 도착했을 쯤 수술을 맡은 의사라며 수술하려면 보호자의 동의가 필요한데, 사정이 이러니 전화로라도 동의를 물어본다며 수술이 많이 위험하다는 연락이 왔다. 나는 순간 말 못하는 사람이 되어 그 어떤 말도 못한 채 수화기를 내려놓았다.

이틀 뒤 수술 날 절대 병원에 오지 말라는 남편의 말이 있었지만 나는 도저히 그냥 있을 수가 없어 친구의 도움으로 병원으로 갔다. 8층 811호, 나의 힘없는 시선에 남편이 들어왔다. 다행히 남편은 아직 수술실로 들어가지 않았다. 마치 수도하는 스님처럼 빡빡 깎은 남편의 푸른 머리를 보는 순간 나는 또다시 서러움이 복받쳤지만 남편에게 눈물을 보이지 않으려고 죽을힘을 다해 서러움을 꾸역꾸역 목구멍으로 삼키며 가슴을 쓸어내렸다.

남편은 예정시간 5시간이 넘도록 수술실에서 나오질 않았다. 그 시간은 내가 지금껏 살아온 46년의 세월보다 길고 견디기 힘든 시간이었다. 그 시간이 너무도 고통스러워 평소 남편이 밀어주지 않으면 혼자 밖에 나가는 일이 없던 내가 병원 밖으로 나와 무작정 휠체어 바퀴를 굴렸다. 그러다 무엇에 걸려 넘어져 휠체어 채 나의 몸이 뒹굴어 팔꿈치에서 피가 흘렀지만 아프지 않았다. 아니, 아무런 감각도 느끼지 못했다. 다만 남편에게 그동안 미안했던 일들만 주마등처럼 스치고 지나갈 뿐이었다. 남편에게 빨리 직장 구하지 못한다고 은근히 짜증냈던 일, 빨래 널어달라, 집안청소 해달라, 시장 봐달라 하고, 치매 앓으시는 친정어머니 병수발을 남편에게만 맡겼던 일 등등 모든 게 후회스러웠다.

남편은 예정시간 8시간을 넘기고서야 알아볼 수 없이 통통 부은 얼굴로 수술실을 나와 중환자실로 갔다. 의사는 수술이 잘됐다는 말과 함께 휠체어를 탄 내가 남편의 보호자란 사실에 어떤 의미인지 알 수 없는 연민의 눈빛으로 나를 잠시 바라보았다. 그러고는 남편이 수술 전 의사에게 자신은 죽으면 절대 안 된다고, 자신이 살고 싶어서가 아니라 나와 치매 앓으시는 장모님 때문에 죽으면 안 된다며 눈물을 흘렸다는 말을 전했다. 의사의 그 말에 나의 두 눈에서 주르륵 눈물이 볼을 타고 내려와 목덜미를 적셨고 두 손은 가슴 옷자락을 움켜쥐었다.

이 세상에서 가장 못난 바보가 나의 남편이었다.

시간이 얼마쯤이나 흘렀을까. 남편의 의식이 돌아온다는 간호사의 말에 나는 난생 처음으로 녹색의 소독옷을 입고 중환자실로 들어갔다. 간호사가 남편의 이름을 몇 차례 불렀지만 남편은 조금의 미동도 보이지 않았다. 그러다 간호사가 나를 가리키며 누군지 아느냐고 묻자 남편은 엷은 미소까지 살짝 띄우며 겨우 알아들을 목소리로 "그럼요. 내가 이 세상에 다시 태어나도 사랑할 사람인데요"라고 했다. 간호사까지 눈물을 찍어낸 남편의 그 말에 나는 말 못하는 바보가 되어 그 어떤 말도 못하고 하염없이 손등 위로 눈물만 떨어뜨렸다. 그러나 내 인생에서 가장 행복한 순간이었다.

다음 면회 시간을 약속하고 중환자실을 나와 휠체어 바퀴를 굴려 병원 정문으로 나가 거리를 오가는 사람들을 물끄러미 바라보

앉다. 그때 칠순이 훨씬 넘어 보이는 어느 노부부가 다정하게 손을 꼭 잡고 병원 앞 식당을 지나가셨다. 저녁 드시기엔 많이 늦은 시간이었는데 그때까지 식사를 못하셨는지 할아버지는 들어가자거니 할머니는 싫다거니 잠시 실랑이를 한 뒤 두 분은 식당으로 들어가셨다. 한참 후 노부부는 식당을 나섰다. 여전히 두 손을 꼬옥 잡은 채. 나는 이 세상에서 가장 아름다운 모습으로 멀어져가는 그분들에게서 아주 오래도록 시선을 떼지 못하고 잠시 노부부의 건강을 비는 기도를 드렸다. 나는 그때 처음 알았다. 사람은 너무나 아름다운 것을 보아도 눈물이 흐른다는 것을.

휠체어를 탄 몸으로 간병을 한다는 것은 생각보다 많이 힘들었지만 남편의 곁에 있을 수 있다는 그 사실만으로도 한없이 감사했다.

남편은 중환자실과 일반병실을 오가며 했던 한 달여의 병원생활을 접고 우리 가족의 품으로 돌아왔다. 남편이 퇴원하는 날 나는 남편을 위해 멋진 이벤트를 준비하고 싶었지만 특별히 생각나는 게 없어 멍하니 앉아있는데 예정시간보다 일찍 남편이 돌아왔다. 여전히 혼자인 채로, 그러나 병원에 입원하러 갈 때와는 비교할 수 없이 밝은 모습으로 손에는 장미꽃 몇 송이까지 들고서. 남편은 그동안 고생 많았다는 말과 함께 꽃을 내게 건네며 나의 어깨를 감싸주었다.

우리는 병원비와 그동안 밀린 은행대출금과 생활비를 감당하지 못해, 그렇게 소원한 끝에 마련한 우리 집을 단 하루도 살아보지 못하고 결국 남의 손에 넘겨주어야 했다. 그것도 부족해, 결혼할 때 패물 한 가지도 못 해준 것이 마음에 걸려 결혼 10주년 기념일날 남편이 오래도록 모은 돈으로 마련해준 자그마한 다이아 반지마저 팔아야 했다.

반지를 팔던 날, 나는 처음으로 남편의 눈물, 아니 한 남자의 가슴 미어지는 서러운 통곡을 보았다. 하지만 나는 울지 않았다. 집이야 비록 무허가 집에 살고는 있지만 우리 식구 비바람 막아주는 곳이 있으니 됐고, 반지 또한 내 가슴속에 영원히 퇴색되지 않게 보관해두었으니 그것으로 충분했다.

남편은 아직 통근 치료를 받고는 있지만 꽃 배달을 한다. 자신의 신변처리도 못하시는 장모님을 기저귀까지 갈아가며 늘 옆자리에 태우고 서울 시내를 돌아다니고 있다. 비록 아직은 생활비도 안 되는 수입이지만, 남편이 우리 가족의 버팀목으로 자리하고 있다는 사실만으로도 나는 감사하다.

3개월 전 남편의 생일날 아침, 새벽 6시 30분이면 집을 나서는 남편에게 미역국조차 끓여주지 못해 속이 상했다. 그런데 남편은 언제부터 모은 돈이었는지 내가 갖고 싶어 하던 핸드폰을 선물해주었다.

남편은 저녁 귀갓길에 으레 나에게 하트 그림 문자를 보낸다. 하트 그림 이외에는 그 어떤 글귀도 적혀 있지 않지만 바다보다 깊은 남편의 사랑을 알기에는 충분하다.

방금 하트 그림이 그려진 문자가 왔다. 남편이 20분 안에 집에 도착한다는 신호다. 어서 남편이 좋아하는 청국장찌개가 올려져 있는 가스레인지의 불을 켜야겠다. 비록 찌개와 김치, 밑반찬 두어 가지가 전부인 밥상이지만 서로 많이 먹으라고 권하는 모습이 어느 따뜻한 영화의 마지막 장면 같다. 그리고 우리의 저녁식사는 그 어떤 고급 레스토랑에서 먹는 만찬보다 나를 즐겁게 한다. 돈으로는 살 수 없는 행복이라는 만찬이 있기에 우리는 행복한 웃음을 웃을 수 있다. 아주 영원히.

누군가 나에게 단 한 가지의 소원을 묻는다면 나는 조금도 주저 없이 이렇게 말한다. 우리 부부가 다음 세상에서 다시 부부의 인연으로 만나 남편은 조금 불편한 사람, 나는 건강한 사람이 되는 것이다. 그것은 내가 높은 구두 신고 걷고 싶어서도 아니고 남편의 팔짱 끼고 걸어보고 싶어서도 아니다. 다만 한 가지, 그때는 내가 남편이 나에게 베푼 지금의 사랑에 조금이나마 보답이라도 할 수 있을 테니 말이다. 비록 남편이 나에게 주는 사랑에는 비교도 할 수 없을 테지만.

　우리 부부는 오늘도 인생이라는 영화의 주인공이 되어 지금 우리에게 주어진 것에 감사드리며 열심히 살고 있다. 먼 훗날 인생의 끝자락에 섰을 때 후회하는 일이 없도록 해피엔딩으로 막을 내리기 위해 열심히 살아가련다.

PART 04
잠깐! 손잡고 같이 가요

잠깐! 손잡고 같이 가요

PART 04

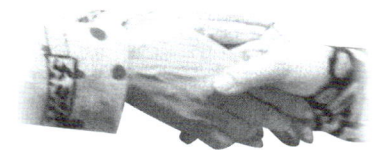

지금도 어디선가 계속해서 장애를 가진 아이들이 태어나고 있고, 장애아이를 키워야 할 부모들이 생겨나고 있다. 그동안은 보이지 않았다. 내 앞에 있는 두려움의 산이 너무 커서 볼 수 없었다. 그러나 이제야 알았다. 혼자가 아니라는 것을. 내 앞서 그 길을 걸으며 길을 다 져놓으시고, 돌도 뽑아주신 분들이 계시다는 것을. 이제 내가 그 길을 다지고, 더 넓히며 평탄하게 만들어야 할 차례다. 우리의 자축적인 송년모임이 내게 말해주었다. 내 뒤에 오는 분들을 안아주고, 등을 쓸어주며, 괜찮다고 놀라지 말라고 두려워하지 말라고 말해주라고. 당신들은 혼자가 아니라고 말해주라고.

우리 아들은
하나님의 축복의 통로

밀알청년1부 김한민 어머니

저는 24년째 장애아들을 키우고 있는 한 청년의 엄마입니다.

처음 교회 나오게 된 계기는 밀알학교 같은 학년 어머니의 전도였습니다. 처음 교회에 나올 때는 하나님을 만나고 예배드리기보다는 아이를 주말이면 사회적응에 데려가주시고 돌보아주신다는 것에 더 마음이 쏠렸습니다. 그 시간에 저는 조금 쉼을 누릴 수 있었으니까요.

그러면서 얼마간은 그냥 왔다갔다 예배 출석만 하였고, 그러던 어느 날 한 집사님의 도움으로 새신자 성경공부를 하게 되었습니다. 그렇게 하나님에 대해서 알아가게 되었고 더디지만 차츰차츰 믿음이 생기기 시작했습니다. 내 인생의 고통의 짐이라고 여기던 아들이 다시 보이기 시작했고 우리 아들이 하나님을 만나는 축복의 통로였다는 것을 알게 되었습니다.

더욱이 밀알부를 섬기는 선생님들의 큰 사랑을 알게 되었습니다. 주말이면 한 주도 빠짐없이 고집불통인 아이들과 산에 오르시는 집사님들…. 밀알부 선생님의 특징은 부부가 또는 온가족이 밀알부를 섬긴다는 것입니다. 여름수련회가 되면 온 가족이 휴가를 우리 아이들과 보내시는 가족이 많습니다. 선생님의 가정도 나름 사정과 형편이 있을 텐데 늘 우리 아이들을 위해서 달려오시는 분들이 계셔 얼마나 고맙고 감사한지….

한번은 시댁에 상을 당했는데 아이를 데리고 갈 상황이 아니었습니다. 그때 밀알부 선생님께서 흔쾌히 새벽부터 아이를 돌봐주셔서 장례를 잘 치르고 온 일이 있습니다.

또 밀알부 야외예배 때 몸이 피곤하여 참석을 못한다고 하면 아들이 얼마나 야외예배를 좋아하는데 하면서 집에까지 찾아와 데리고 가시고 또 데려다 주시니 얼마나 죄송하고 고맙고 감사한지 모르겠습니다.

엄마들이 "우리 아이 때문에 힘드시죠?"라고 물으면 선생님들은 이렇게 대답하십니다. "아니오, 얼마나 이쁜지 몰라요. 제가 오히려 은혜를 받고 섬김을 받고 있습니다."

그분들은 이렇게 말씀하십니다. 우리 아이들이 천사라고. 우리 선생님들의 이런 마음은 그분들의 마음속에 주님이 계시기 때문 아닐까요. 밀알부 선생님들이 천사가 아닐까요.

우리 교회에 밀알부가 있어서 우리 아이들이 예배드리고 부모는 맘 놓고 예배드릴 수 있어서 얼마나 감사한지 모릅니다.

주님을 만나기 전에는 무거운 짐으로만 여겼던 아들의 장애가 주님을 만나는 통로가 되게 하신 하나님, 여전히 아들의 미래가 불투명하지만 주님이 계셔서 하루하루 평안 가운데 살아가게 하시니 감사합니다.

주님, 또 어느 가정에 우리 아들과 같은 귀한 선물이 배달될지 모르겠습니다. 우리 가정 가운데 주님이 오신 것처럼 잃어버린 영혼을 위하여 하루라도 빨리 주님 찾아오셔서 만나주세요.

지옥에서 천국으로

밀알청년2부 이만주

프랑스의 작곡가 오펜바흐(Jacques Offenbach)가 만든 오페레타 「천국과 지옥 *Orphee Aux Enfers*」은 모든 올림피아의 신들과 여러 신들이 등장하므로 기독교인들이 즐겨보기에는 적절치 않은 작품입니다. 그러나 그 오페레타의 신나고 경쾌한 서곡은 내용에 관계없이 고전음악 애호가들이 즐겨듣는 관현악 작품 중 하나입니다. 제 인생도 자폐성장애1급인 장남 이경원으로 인하여 깊은 좌절을 맛보았지만, 하나님을 만나게 되어 신나는 인생으로 바뀌었습니다. 지옥에서 천국으로 온 기분입니다. 특히 장애인들을 섬기는 봉사를 시작한 후로 하나님은 더 아름다운 천국을 느끼게 해주셨습니다.

밀알청년2부 교사로 세우시다

저는 밀알청년2부 교사이며 청년 이경원의 아버지입니다. 교회에 다닌 지는 10년이 넘었고, 세례도 받았으며, 그 누구보다 하나님을 믿고 경외하지만, 교회에 굳이 출석하지 않아도 성경을 열심히 읽고 기도 열심히 하면 된다는 교만함에 교회도 자주 빠지곤 하였습니다. 그래도 선교는 중요한 일이라 생각이 들어서, 적지만 선교헌금은 꾸준히 해온 것을 위안 삼으며 지내왔습니다.

그런데 기독교인다운 생활을 하려고 본격적으로 노력하고 교회

행사에 적극적으로 참여하며, 하나님의 말씀에 순종하는 개수를 늘리려고 힘쓴 것은 최근 2년 정도입니다. 그것은 그 전에 3교구 목장에 1년 정도 출석할 때도 아니요, 차량안내위원으로 활동했던 과거 1년도 아니었습니다. 2011년 7월, 경원이가 소속되어 있는 밀알청년2부 수련회에 보호자 부모의 자격으로 참가하고 은혜를 받아 밀알청년2부 교사를 시작했던 2년 전부터였습니다. 선생님은 모범을 보여야 한다는 생각과 하나님께서 나에게 맞는 직분을 주신 것에 대한 감사와 하나님께서 줄곧 나와 함께하셨다는 감사함 때문이었습니다.

 10년 넘는 교인 생활에 수련회는 처음이었는데, 그것도 전도사님의 전화를 받은 아내의 집요한 설득과 강요로 등 떠밀려 오게 된 수련회였습니다. 그런데 수련회에서 예배할 때 청년들과 부모 몇 분이 울부짖는 것이었습니다. 그것은 처음 보는 장면이었고, 일부 광신도들에게서 볼 수 있는 그런 것은 아니었습니다. 이들에게 제가 필요할 것 같다는 사명감이 불타올랐습니다. 밀알청년2부는 부모들도 교사생활 한다는 정해진 총무님의 말이 생각나서 교사가 되기로 결심했습니다. 10년 넘게 입시학원에서 우수학생 가르치던 선생에서, 무언가 부족한 것이 많아서 정말 도움이 필요한 장애인들을 섬기는 교사가 되기로 마음먹었습니다.

하나님께서 이를 기뻐하셨는지 수련회 장소인 동강 주변을 새벽과 밤이면 물안개로 아름답고 신비하게 만들어주셨습니다. 마치 동양화에서 나오는 듯한 그런 풍경이 연출되었습니다. 산을 배경으로 흘러가는 강에 조그마한 나룻배를 저어가는 노인과 물안개, 그리고 새소리, 새벽…. 저에게는 천국 같은 풍경이었습니다. 이 아름다운 풍경을 주신 하나님께 감사 기도했습니다. 남들은 그냥 지나칠 흔한 풍경이었는지도 모르지만 저에게는 어릴 적 설악산에서의 소중한 추억에 연결 고리가 되어주는 그런 황홀한 광경이었습니다.

기도에 응답해주신 하나님

밀알청년2부에서 2011년 7월 교사생활을 한 지 채 1년도 안 되어 놀라운 뉴스를 접하게 되었습니다. 하나님께서 자폐증 치료의 길을 열어주신 것입니다.

"자폐증 치료 가능성이 국내 연구진에 의해 제시됐다. 교육과학기술부는 서울대 뇌인지과학과 강봉균 교수 · 연세대 약리학교실 이민구 교수 · KAIST 생명과학과 김은준 교수 등이 공동연구를 통해 자폐증의 유전적 요인과 발병 기전을 규명하고 치료법을 제시했다고 14일 밝혔다"(2012-6-14 이투데이 박태진 기자).

또한 뇌성마비 치료의 길을 열어주셨습니다.

"뇌성마비 장애를 줄기세포 치료로 개선할 수 있는 길이 열리고 있다. CHA의과학대 분당차병원 재활의학과 김민영 교수팀은 뇌성마비를 앓고 있는 아이에게 면역원성이 같은 다른 아이의 제대혈(탯줄혈액) 줄기세포를 주사해 장애 증상을 조금이나마 개선하는 데 성공했다고 21일 밝혔다"(2013-01-21 국민일보 쿠키뉴스 이기수 의학전문기자).

이 모든 것은 우리 청년들이 '조금만 더 잘 걷고, 더 총명하고, 더 건강하게 해달라'고 간절히 기도했던 목사님과 모든 선생님들과 청년들의 기도에 대허서 사랑이 많으신 우리 하나님께서 응답하신 것이라고 믿어 의심치 않습니다. 할렐루야!!!

청년들에게서 당한 봉변은 하나님의 꾸짖음

남서울은혜교회 밀알청년2부는 다운증후군, 지적장애, 뇌병변, 뇌성마비, 지체장애, 자폐증 등 여러 유형의 장애인이 하나님을 찬양하는 곳입니다. 그들은 천사 같은 행동을 하지만 때로는 예상치 않은 돌발 행동으로 교사들을 당황케 합니다. 그래서 들려오는 말로는 다른 장애인부서 선생님들은 따귀도 여러 번 맞는다고 합니다. 저도 사소한 일로 머리채를 잡힌 적도 있고 가슴도 여러 차례 구타당했습니다. 그리고 불특정 다수인에게 불만으로 의자를 집어던지는 등 화풀이를 하는 장애인 형제들도 있었습니다. 본인의 의사를 적절히 표현하는 능력이 부족한 이 형제자매들은 예배시간에 울기도 하고, 괴성을 지르기도 하며, 자신의 신체를 자학하는 행위도 종종 합니다. 봉변을 당했을 때 예전 저의 반응은 즉각적인 보복이나 거친 저항이었지만, 지금의 봉변은 저를 채찍질하는 하나님의 질타라고 생각합니다. 무언가 잘못을 했기에 그러려니 하며 반성하고 웃어넘깁니다.

청년들은 교사의 스승

남서울은혜교회 밀알청년2부의 장애인 청년들은 교사의 스승입니다. 선생님들 중에는 장애인 부모님도 몇 분 계시지만 대부분은 사회적으로 높은 지식과 경험이 많은 부유한 강남 사람들입니다. 저의 경우에도 지적 호기심에, 직업 영역이 8개 정도였고, 틈틈이 탐독하며 지식을 쌓았던 영역이 상당하였기에 지식에 관해서는 그 누구 못지않은 자부심이 있었습니다. 이런 자부심은 하나님이 싫어하시는 교만한 마음입니다. "많은 지식과 부와 명예가 무슨 소용이랴? 결국 모두 빈손으로 갈 것을…."

이러한 지식과 부와 명예가 없어도 청년들은 천사와 같은 행복한 얼굴로 하나님을 찬양하며 경배합니다. 사람들은 자신이 청년들보다 더 우월하다고 생각하는데 마음가짐이나 행복한 표정은 그들에게 뒤집니다. 그들은 남을 속이지도 않고 권모술수도 쓰지 않으며, 교만하지도 않고, 자존심도 순식간에 내려놓습니다. 절로 고개가 숙여집니다. 청년들은 인터넷, 스마트폰, 음악감상, 영화감상, 해외여행, 스포츠, 남녀의 사교 등 현대인들이 즐기는 것을 충분히 하지 않고도 즐거워합니다. 인류 역사상 과학과 문화가 최고도로 발달하고 주변의 수없이 많은 유혹과 쾌락들 사이에서 성경의 하나님 말씀대로 산다는 것은 거의 불가능하다고 느껴집니다. 오히려 중세시대로 돌아갔으면 하는 마음입니다. 하지만 중세시대의 삶 정도는 아니지만, 현대인들이 당연히 즐기는 것을 우리 청년들은 많이 생략하고 있습니다. 아니, 알려고 하지도 않습니다. 이들을 보고 또 배웁니다. 이 얼마나 단순하면서도 아름다운 삶입니까!(What ε simple and beautiful life!)

질그릇 같은 낮은 마음으로 청년들을 섬기고, 그들에게 부족한 지식과 경험을 가르치지만 그들에게 오히려 배우는 것이 더 많은 우리 교사들에게 청년들은 한 수 위의 스승입니다.

봉사하는 장애인

다른 부서와 마찬가지로 밀알청년2부의 1년 스케줄은 빡빡합니다. 52회 정도의 정기예배, 교사회의, 간부회의, 부모기도회, 야외예배, 사회적응훈련, 기타 일정 등이 있습니다. 교사이지만 자폐성장애1급인 이경원을 돌보아야 하는 아버지이기도 하기 때문에 교회행사에 적극적으로 참여하지 못하는 것을 항상 안타깝게 생각합니다.

야생마처럼 날뛰며 괴성을 지르고 자해행위를 하는 이경원을 가정에서나 직장에서나 교회에서나 무언가 쓸모있는 사람으로 만들기 위해서 나름대로 머리를 무척 쓰면서 훈련시켜왔습니다. 누군가에게 계속 도움만 받는 소극적인 장애인이 아닌, 남을 위해 봉사도 하는 적극적인 장애인이야말로 모두가 바라는 모습일 것입니다.

한쪽 손이 불편하지만 주일에 남보다 일찍 와서 강헌구 목사님을 도와 주보를 접어주는 임은주 자매와 신재현, 유시창, 양수영 형제의 휠체어를 밀어주는 김우주, 정정수, 신동범 형제. 7~8개 정도의 기도 제목으로 주일마다 남을 위해, 교회를 위해 기도하는 밀알청년2부 기도회원인 노윤정, 최하린, 손세경 자매와 이세진, 이경원 형제. 이들은 남을 위해 봉사하는 즐거움이 무엇인지를 알고 있는 천사들입니다. 밀알청년2부는 이렇게 서로 도우며 스스로 봉사하는 청년들과 강헌구 목사님, 안재현 부장님 이하 선생님들이 모두 즐겁지 하나님을 찬양하는 천국입니다.

 제가 맡고 있는 청년 2명 문제연, 이지효에게는 스스로 가방을 메고 벗고 하는 일과 외투를 걸어두는 일, 그리고 교육이 끝난 후 교육용 책자와 명찰을 보관함에 반납하는 일, 쓰레기통에 빈 봉지나 휴지를 버리는 일 등을 반복되는 설득과 칭찬으로 훈련시키고 있습니다. 화장실에서 용변보는 요령, 그리고 비누를 묻혀서 손을 세척하는 요령 등을 교육시키고 있습니다. 무엇보다도 이들의 영혼 구원과 관계되는 예수님과 하나님에 대해 중요한 것은 반복해가며 100% 이해시킨다는 믿음으로 충실히 가르치고 있습니다. 이 모든 일이 으리 아버지 하나님을 기쁘게 해드린다는 것을 믿으며, 이 청년들과 선생님들 그리고 목사님과 그들의 가정에 은총을 내려주시고 이들에게 천국을 허락해주실 것을 예수님의 이름 받들어 간절히 기도하며, 이들과 함께합니다. 아멘!!!

농아부와 함께한
은혜의 시간

농아청년부 박덕식

직장생활 시작과 더불어 아내를 만나게 하시고, 결혼예비학교(2기), 결혼(양승헌 목사님), 학습, 세례, 두 딸, 부모학교(김인수 장로님), 부부학교, 농아부, 주말사역 축구부, 전도폭발5단계 훈련까지…. 천국 영생을 값없이 주신 것도 모자라 남서울은혜교회 안에서 이렇게 많은 선물을 주신 하나님께 먼저 감사드립니다. 그중 농아부와 함께하면서 얼마나 더 많은 은혜를 주셨는지 나누고자 합니다.

함께하겠다는 생각이나 계획 없이 단지 내가 아는 사람 중에 청각장애인이 있구나 하는 정도의 인식과, 수화를 배워보면 좋겠다는 단순한 생각으로 수화교실에 참여하였습니다.

제스처, 마임, 바디 랭귀지….

음성을 제외한 자기의사 표현방법들을 체험하며 유쾌하게 진행된 초급 수화교실에서 소리로 전하는 음성언어에 대한 소중함을 배웠고, 듣거나 말하지 못하는 상태에서 나 아닌 다른 사람과 소통한다는 것이 정말 어렵다는 것을 처음 느꼈습니다.

농인 선생님과 대화형식으로 진행된 중급 수화교실에서는 수화와 농인에 대하여 지화(指話)와 필담(筆談)으로 다른 점을 이야기하며 수어(手語)로 형성된 농 문화, 농 정체성 등의 특별함을 잠시 접할 수 있었습니다.

하나님께서 그렇게 남다른 열정을 가진 두 선생님을 만나게 해주셔서 생활훈련학교 수화교실 수업 내내 새로운 문화를 접하는 은혜를 받았습니다.

농인에 대한 깊이 있는 이해가 없었기에 머뭇거리고 있는 저를, 수화를 배웠으니 이젠 함께하면 된다며 등 떠밀어 농아부 예배에 참석할 수 있도록 해주신 농아목사님이 계십니다.

긴장과 마음의 부담을 가진 첫 만남에서 농아 형제자매님과 농아부를 섬기고 계셨던 여러 선배집사님들이 따뜻하게 환영해주셨고 얼떨결에 함께 예배를 드리게 되었습니다.

목사님은 늘 다정하게 대해주셨고, 어설픈 수화와 몸짓에 눈치를 겸해서 의사소통을 해야 했지만 농아부에서는 어색할 수밖에 없는 건청인에 대한 배려를 느낄 수 있었습니다. 악수하기보다는 안아주시며 스스럼없는 스킨십과 환한 미소로 반갑게 맞아주셨기에 좋다라는 느낌이 그대로 전해지는 지극히 인간적인 교제가 시작되었습니다. 용인 지역에서 한 번도 자리잡지 못한 농인 교회를 어렵게 세우시고 유지해가며 사랑하는 딸을 암으로 천국에 먼저 보낸 목사님. 공감될 만한 아빠의 아픔 속에서 기도로 하나님과 대화하고 간구하며 위로받는 목사님의 모습을 보면서 하나님께서는 우리의 삶 먼 곳이 아닌 옆에 늘 자리하고 계심을 알게 되었습니다. 그 목사님을 통해서 세상적 고달픔 정도는 주님 의지하며 믿음으로 승리할 수 있다는 또 하나의 은혜로운 시간을 경험했습니다.

하나님께서는 교회 내 농아청년부를 새롭게 세우시고 여기에 함께할 수 있게 허락하셨습니다. 스무 살 살짝 넘긴 앳된 청년들이 순수함과 젊음의 뜨거운 열정으로 아름답게 찬양하며 때로는 묵상하고 기도하며 하나님께로 향하는 모습과, 눈으로만 전해오는 정보 습득의 한계를 극복하며 공부해서 대학에 진학하는 모습과, 또래 친구들과 즐거운 대화로 자유롭고 활기찬 모습으로 교제하는 농아청년들을 지켜볼 수 있는 행복의 은혜를 주셨습니다.

장애에 대한 오해와 편견이 존재하는 그런 사회 속으로 나가야 하는 어린 사회초년생들의 고민과, 사회생활을 하면서 이런저런 문제로 상처받은 청년들의 안타까운 상황에 별 도움이 안 되는 무력함 앞에 힘든 적도 있었습니다. 살면서 필연적으로 느낄 수밖에 없는 어려움들을 어떻게 극복하는지와 믿음에 대해 정리하고 더 나아가 전하는 훈련의 필요를, 농 청년들과 함께 전도폭발 훈련을 받게 하심으로 치유와 회복을 겸해 가득 채워주셨습니다

이번 학기에도 농 청년이 많은 농인들에게 지속적으로 복음을 전하며 하나님 나라를 확장시켜 나가는 노력들을 하고 있습니다.

물론 건청인에게도 힘든 훈련을 어렵게 소화하면서 말입니다. 청년 임원들을 세워주셔서 합당한 역할 분배로 청년모임 스스로의 능력을 키워가면서 향후 농인 사회를 이끌어갈 바람직한 리더가 양육되고 있다는 사실도 알게 되었습니다.

그렇게 자신만의 길을 찾고자 애쓰는 농 청년들과 함께하는 시간이 많아지면서, 남과 비교하며 나에겐 가진 것이 많지 않다고 불평했고 늘 부족하다며 더 많은 것을 얻기 위해 세상적 욕심으로 물질을 좇는 길을 걸으며 살아온 제 자신을 많이 부끄러워했습니다. 삶의 방향을 돌이켜 하나님에게로 향하고 지금 저에게 주어진 것에 감사하며, 좀 더 성실한 자세로 천천히 그리고 함께 걸어가는 것이 더욱 가치 있는 삶이라는 걸 깨우치게 되는 은혜도 주셨습니다.

기복은 있지만 꾸준히 예배에 참석하는 농 청년들이 많이 늘었습니다. 조별 성경공부를 통해 말씀을 나누고, 세워진 청년리더들이 주도하는 여러 가지 다양한 교제가 자리를 잡아가고 있습니다. 그리하여 농아 청년부 내 쌍방향 소통의 노력으로 농 청년들, 집사님들, 젊은 수화통역사들을 포함해 조금씩 다른 사람들이 함께 드리는 예배로 통합되고 있습니다.

어디까지 허락하실지는 모르겠지만 조금만 더 훈련하고 실천하다 보면 농, 청 구분 없는 아름다운 세상이 펼쳐질 것이고 그것을 하나님이 보시고 좋다라고 말씀하실 것을 믿습니다. 또 청년교사가 학생들과 교제하며 공부하고 예배드리고 있습니다. 이렇게 멋진 제자 공동체로 성장하는 은혜를 주셨습니다.

지금 세상에 적응하려는 많은 농인과 그 가족들의 노력으로 교육받은 농 청년들이 성장 가능한 직업을 찾아가고 있습니다. 바리스타, 셰프, 태권도사범, 프로그래머, 아티스트, 디자이너, 공무원, 사회복지사 등 이렇게 전과는 다르게 다양한 직업을 가진 젊은 청년들을 중심으로 농 청년들이 직업세계에 적극적으로 참여하고 도전하여 여러 가지로 많이 발전하고 있습니다. 조금씩 농 문화 패러다임이 바뀌고 있음을 감히 말합니다. 그렇게 농인 문화의 문을 열고 사회의 벽을 허물고자 노력하고 있습니다. 나아가 다른 문화와 환경 속에 있는 중국이나 필리핀 등 복음을 모르는 농인들을 찾아가 자기 인생을 바치는 농인 선교사들의 헌신과 희생을 통해 더 넓은 세상에서 더 큰 공동체로 성장시켜주고 계십니다.

농인 또는 농아인….

정중동(靜中動)…. 농인들 안에 있는 동적 열정이 아름답게 표현되고 농, 청 구분 없이 주님의 은혜 속에 마음이 소통하는 새로운

문화가 남서울은혜교회 농아부에서 만들어져가는 축복의 역사가 일어나고 있습니다. 그 은혜 속에서 더 많은 사람들이 함께 손잡고 동행하는 길을 걷기 원합니다.

  소리 나지 않는다 하여 멀리 있는 것은 아닙니다.

  이 모든 것을 주관하시는 하나님께 영광 올려드립니다.

살맛나는
작은 기쁨의
행복한 일상

아만나부 장은희

장애엄마의 아들로 살기

어제 처음으로 아들 민식이가 친구들을 데리고 왔다.

인간성 무지하게 좋아 보이는 아들 녀석이 의외로 친하게 지내는 친구가 없는 듯해 속으로 마음이 쓰이던 참이었다.

"뭣 좀 먹을래?"

"넌 이름이 뭐니?"

"아주 잘생겼구나."

살짝 오버도 해가면서 대접하고 보낸 후 저녁 먹고 설거지를 하는데 민식이가 불쑥 묻는다.

"엄마, 엄마는 어릴 때도 장애인이었어?"

"그래."

"엄마는 왜 장애인이 되었어?"

"그건, 엄마가 아주 어릴 때 높은 열이 많이 났었대. 그러고 나서 그런 거래."

분명 아들 친구 녀석들이 뭐라고 한소리들을 했나보다. 하긴 이제 초등학교 1학년이니 눈에 보이는 무엇인들 안 궁금하랴.

"그런데 엄마, 엄마는 무슨 장애인이야?"

"무슨 장애인이 무슨 소리야. 민식이가 보이는 것 같은 장애인이지."

"아니, 그거 말고…. 눈 안 보이고, 다리 아프고, 그런 것 있잖아."

이제 장애가 구분 되서 보이나 보다.

"엄마는 똑똑하고 이쁜 장애인이야~"하고 싶은 걸 참고 "응, 소아마비 장애인이야. 친구들에게도 그렇게 말해"라고 했다.

어린 녀석이 소아마비 장애를 이해할 리 없다. 하긴 이렇게 오래 낡은 옷처럼 친숙하게 함께한 나도 나의 장애가 다 이해되는 것은 아니니까….

민식이는 앞으로도 얼마나 많은 편견과 오해 속에 자랄까. 점점 자라 중학생이 되고, 또한 아름다운 청년이 되고, 그럴 때마다 만나는 모두에게 제 엄마의 장애가 혹시 걸림은 되지 않을까….

우리 아이들은 돌이 지나 아장아장 걷기 시작할 때부터 항상 손을 잡고 다녔다. 한 번도 내 등에 업혀보지 못하고 컸다. 아무리 높아 보이는 계단도 한가디도 힘들다 하지 않고 손을 잡고 올랐다. 왜냐하면 제 엄마는 더 힘들다는 것을 알기 때문이다.

조금 더 자라면서 먼저 뛰어가다가도 장애물이 있으면 돌아와 기다려준다.

"엄마, 나 붙잡아."

손을 내민다. 그럼 그 작은 손도 의지가 된다.

이제껏 그랬던 것처럼 주님께서 아이들을 지켜주시기를 기도한다.

세상의 편견으로부터.

세상의 오해로부터.

하나님은 계시다

민식이의 태권도 수업과 은영이의 수영 수업이 같은 복지관에서 같은 시간에 있다. 아이들이 각각의 장소로 들어가고 나면 나는 도서관에서 책을 읽기도 하고, 차에서 라디오를 듣기도 하고, 때로는 그곳에서 알게 된 애들 친구 엄마랑 커피를 마시기도 한다.

아이들의 엄마들이 도이면 늘 똑같은 이야기. 무엇을 먹이고, 무엇을 가르치고….

난 점점 재미없고 자신 없어져 슬슬 빠져보지만, 이놈의 인기는 식을 줄 모르기 때문에 나만 보면 얘기하자고 붙잡는 팬들이 있다.

어제도 그렇게 함께 커피를 마시다가 용기 있는 누군가가 묻는다.

"근데, 이런 걸 물어봐도 되나요? 아기 가졌을 때…. 걱정 많이 하셨겠어요. 그랬죠?"

그는 젊고 건강했지만 아이를 가진 내내 불안했고 아이를 출산할 무렵에는 거의 노이로제 지경까지 갔더란다.

이런 장애의 몸으로, 더군다나 서른여섯에 첫 출산이라니….

나도 발맞추어서 그렇다고 말하고 그들의 기대를 저버리고 싶지 않았으나 세상에…. 나는 하나도 불안하지도 않았고 하나님이 연약한 내 몸을 빌어 어떤 아기를 주실까 그것만 기대 만땅을 하고 감사만 하고 있었으니….

 거의 모든 사람들의 호기심 속에 태어난 우리 은영이, 그리고 그 다음 해에 둘째로 태어난 민식이. 둘 다 엉뚱할 때도 있지만 총명하고 지혜롭고 건강하다. 지금도 아이들을 데리고 어디를 나가면 한 번씩은 호기심 어린 관심을 받는다. 저 몸으로 어떻게 저런 아이들을 낳았을까 하는.

 가끔 친정에 가면 자주 오시는 할머니 한 분은 이렇게 말하기도 한다.

 "난 하나님을 안 믿지만 우리 선생님이 아들 딸 낳은 것 보면 하나님은 꼭 있구나 싶어. 요 강아지들은 하나님이 주신 것이 분명하니까."

장애엄마의 당당함

아이들은 자꾸 큰다. 작년에 입던 아이들 옷이 작아져 맞지 않는다. 아침에도 이것저것 꺼내보다가 그래도 마땅치 않아서 은영이가 심술을 내길래 짧은 바지를 사려고 큰 마트에 갔다.

공휴일이라 주차장은 벌써 꽉 차 있다.

"장애인 주차장이 어디인가요?"

주차요원을 불러 안내를 받고자 했다.

친절한 주차요원이 달려와 장애인 자리가 비어 있지 않으니 겨우 자리 하나를 만들어주겠단다.

"엘리베이터는 그럼 어디 있나요?"

"저어기… 저쪽으로 가셔야 합니다."

운전석에 앉아 바라보니 아득하게 멀다.

"제가 불편해서 안 되겠네요. 지하 4층으로 내려가보겠습니다."

옆에 앉아 엄마의 모습을 바라보던 은영이가 한마디 한다.

"와, 우리 엄마 짱이야. 엄마는 그런 말 하는 거 안 무서워?"

"무섭기는…. 도움을 받을 수 있는 것은 부끄럽지 않게 받고 또 내가 도울 상황에서는 내 일처럼 도와주며 사는 거야."

어린 마음에 제 딴에는 제복 입은 사람들을 불러 이것저것 요구하는 것이 마음에 닿았나보다.

장애 깊은 엄마, 오픈되지 못한 성격의 아빠.

그 속에서 그래도 하나님의 은혜 가운데 티 없이 자라는 은영이와 민식이는 언제 어디서나 강하고 담대함이 있기를 늘 기도한다.

갈 때는 신나게 갔는데 막상 가보니 왜 이리 아동복이 비싼지…. 그중 겨우 골라 두 개를 사고 지쳐버렸다.

살아온 이야기

밀알청년1부 김성오

자신에 대한 글을 쓴다는 것은 쉬운 일이 아니다. 숨기고 줄이고 싶고, 키우고 늘이고 싶다. 그러다 보면 엉뚱한 영웅담이 되고 만다. 생얼(민낯)은 사라지고 분칠한 모습만 남는다. 생얼(민낯)은 흉하고 분칠한 모습은 추하다.

양육수기를 써 달라는 요청에 내가 난감해 하는 이유다. 장애 아이를 키우는 부모로서, 남서울은혜교회에 출석하고 있으며, 아이가 밀알학교를 졸업하였고, 교회에서 운영하는 밀알 보호 작업장에 다니고 있으니 거절하기도 힘들었다. 쓰겠다고 약속하고 나니 일만 달란트 빚진 심정이 되었다. 눈치를 보던 아내가 자기가 한번 써보겠다고 나섰다. 몇 장을 채워 내게 건네주었다. 이것을 자료삼아 일단 써보기로 했다.

1. 살아온 이야기

나 : 김성오, 53세, 1부 예배 핵심 안내위원

아내 : 유덕선, 52세, 야간 목장 부목자. 사라(창세기)를 닮았다

아이 : 김권영, 24세, 밀알청년1부, 자폐장애1급. 먹기를 탐하며 말썽이 심하다

'우리 부부는 각자 행복하게 20년 이상을 살아왔다. 그러다 우리는 만났다.'는 말처럼 우리도 그렇게 시작했다. 전깃불 없는 산

골에서 자란 나는 만화영화 '뽀빠이'와 연속극 '여로'를 보면서 자란 서울말 쓰는 여자를 만나 6년간 열심히 연애해서(군대포함) 27살(아내는 26살) 당시 치고도 좀 아까운 나이에 결혼을 했다(기도 많이 하고 결혼하라고 권하고 싶다). 맞벌이라 직장 생활이 힘들어서인지 두 번 자연 유산 끝에 세 번째 임신하여 첫아이를 낳았다. 아내는 임신 중에 태교를 열심히 했다는데 나는 전혀 기억이 없고, 단지 작은 키에 배만 유난히 불러 소쿠리를 배에 넣어 가지고 다니는 듯 위태해 보였던 것만 기억한다. 얼마 후 둘째를 가져 아들딸 연년생을 두었다.

첫아이가 말이 늦고 주위에 별 반응도 없는 것 같고, 조금은 다른 듯했다. 내가 말이 늦었다 하고 아이 이모도 늦게 말을 배웠다 해서 집안내력이려니 하고 크게 걱정은 안했다. 차츰 주위에서 걱정하는 소리가 많아지고 해서 병원에 갔더니 자폐라 했다. 무슨 병인지 어떤 장애인지도 모르겠고, 치료하고 교육하면 나아지겠거니 생각했다. 완치는 아니더라도 정상 비슷하게는 되지 않을까 하는 기대는 오래도록 가지고 있었다.

조기교육을 시켜야 한다고들 했다. 맞벌이 하던 터라 아이를 데리고 다닐 사람을 구해야 했다. 아이 고모에게 부탁하고 고모집 근처로 이사를 했다. 그렇게 2년 정도를 보냈다. 통합이 필요하다 해서 일반 유치원에 보냈는데 며칠이 안 돼 쫓겨났다. 너무 부산해서 볼 수가 없다는 이유에서였다.

퇴근 후 매일처럼 산으로 놀이터로 아이를 데리고 다녔다. 운동도 시킬 겸 체험학습(?)도 시킬 겸 해서. 학교 운동장 운동기구들을 이용해 놀기도 했다. 동네 공사판 모래적재장은 단골 놀이터였다. 세발자전거 타기를 무척 힘들어 했다. 도대체 바퀴 굴리기가 되질 않았다. 손으로 밀어주고 막대기로 밀어주고, 몇 달이 걸렸다.

아이 고모가 아이를 더 이상 데리고 다니지 못할 형편이 되었다. 우리 둘 중 하나가 아이를 돌보아야 할 처지가 되었다. 당시 나 또한 해외 근무(외무부)를 해야 할 시기가 되어 갈등이 있었다. 이 아이를 데리고 외국에 나갈 수가 없을 것 같았다. 남자아이라 다루기도 내가 나을 것 같았다. 그래서 내가 직장을 그만두고 아이를 맡게 되었다. 다시 전에 살던 구리로 이사를 했다.

아이는 학교생활 첫날부터 유명해졌다. 입학식 날 교장선생님 마이크를 잡아 가로챘다. 교실에 잠시도 앉아있질 못하고 복도로 운동장으로 뛰어나왔다. 석 달 동안 꼬박 복도에서 지키고 있어야 했다. 이후에 특수학급으로 옮겨졌다.

학교에서 돌아오면 레고, 퍼즐, 낱말 카드 등을 가지고 놀게 했다. 주의가 산만해서 어느 것 하나 자발적으로 되는 것이 없었다. 등산, 자전거, 인라인 스케이트도 매일 했다.

아이가 학교에 있는 동안은 여유시간이 생겼다. 아이 돌보는 데 도움이 될까 해서 방송대 유아교육과에 입학했다. 늦게 머리가 트였는지 공부를 엄청(?) 잘했다. 일만 오천 명이 넘는 전체 졸업생 중 수석을 했다. 이 사고(?)로 인해 갑자기 유명해졌다. (남자가 멀쩡한 직장 그만두고 집에서 애 보고 있고, 여자들 틈에 끼여 유아교육과에 다니고, 수석으로 졸업하고, 알고 보니 중증 장애아를 키우고 있더라 등…) 꽤 괜찮은 기사거리가 되는 듯했다.

기자들 만나고 방송출연하고, 식구들도 덩달아 바빴다. 유명강사가 되어 여기저기 불려 다녔다. 나름의 양육비법(?)과 양육철학(?)을 열심히 소개하고 다녔다. 6개월 정도 지나자 이것도 차츰 뜸해졌다. '이생의 자랑'은 그렇게 금방 끝이 났다. 이후 대학원에서 특수교육을 공부하고 연구소에도 잠시 근무하였다.

중학교를 졸업하자 아이를 보낼 곳이 마땅치 않았다. 생각 끝에 서울로 이사를 하고 길알학교 고등부에 입학시켰다. 교회도 옮겨 남서울은혜교회에 등록하였다. 졸업하던 해에 강남직업재활센터가 개관되어 그곳 보호작업장에 들어가 지금까지 다니고 있다. 문제 행동은 여전히 많아 작업장에서 사고 칠까 늘상 가슴

졸이며 지내고 있다.

2. 나누고 싶은 이야기

(장애아 부모 아니면 읽지 않아도 된다. 아울러 개인적 편견이 심하므로 양해 바란다.)

장애원인

아이가 장애로 밝혀지면 그 원인을 알고 싶어 한다. 온갖 추측을 다 해본다. 괜한 억측으로 자책도 한다. 부질없는 짓이다. 알 수도 없고 알 필요도 없다. 하나님의 섭리라 생각하자.

침, 한약, 안수기도…

한두 가지 안 해보는 부모가 없다. 아직도 미련이 있는가. 아니면 아직 진행 중인가. 쓸데없는 짓이다. 당장 그만두길 권한다.

조기교육

일찍 발견해 일찍 치료하면 완치된다는 등 하면서 부모들을 초조하게 몰아세운다. 언제 시작해야 조기인가. 제대로 된 교육기관이나 있나. 한글 일찍 뗐다고 서울대 가나. 지나고 보면 조기

교육 받은 아이나 안 받은 아이나 차이도 없어진다. 그냥 아무 때나 시작하면 된다.

치료교육

언어치료, 미술치료, 음악치료, 놀이치료, 심리치료… 효과도 크지 않고 비용만 부담된다. 더구나 치료비의 대부분이 부모들 주머니에서 털려나간다. 안 해도 상관없다. 차라리 적금을 붓는 게 낫다.

음식조절

음식통제는 정말 힘들다. 그러나 꼭 해야 한다. 건강식은 죽어라 싫어하고 몸에 나쁜 음식만 찾는다. 순식간에 비만 체질로 변한다. 부모가 적극적(강제적)으로 관여해야 한다.

운동관리

대부분이 움직이길 싫어하고 자발적인 운동은 하지 않는다. 이 또한 부모가 강하게 관여해야 할 부분이다. 신체발달, 기능향상도 해야 하고 비만예방, 성인병 예방도 해야 한다. 부모가 함께 운동하는 것이 가장 좋다. (이왕이면 아버지가 하는 게 더 효과적이다.) 집안에 헬스자전거, 운동 매트리스 등이 있으면 유용하다.

음식조절과 운동관리는 부모가 평생 해야 할 부분이다. 이외에 부모가 할 수 있는 일은 극히 제한적이다.

부모건강관리

건강이 상할 정도로 아이에게 매달리는 것은 심하게 어리석은 일이다. 지나친 헌신은 결코 미덕이 아니다. 부모 자신의 건강부터 챙겨야 한다. 아이 운동시키면서 함께 운동하자. 혈압, 혈당 낮추고 허리둘레도 줄이자.

100세 장수시대

웬만하면 100세까지 사는 시대가 온다고 한다. 그때까지 건강하게 살기로 작정하자. 우리 아이들을 위해서 오래오래 살아주자. 부모나이 100세면 아이나이 70정도 된다. 그 나이 되면 장애 있으나 없으나 마찬가지 삶이 될 것 아닌가. 부모가 오래 건강하게 살아주는 게 아이에게 가장 좋은 복지대책이다. 부모역할을 대신할 사람은 세상에 아무도 없다.

양육태도

교육방식을 두고 부모가 의견이 다른 경우가 있다. 대부분 아버지는 소극적(느긋한), 어머니는 적극적인 태도를 지닌다. (나 개인적으로는 아버지 태도를 지지한다.) 의견차이가 심하면 갈라서는 경우도 생긴다. 미친 짓이다. 차라리 교육을 포기하고 가정을 지키는 게 백번 낫다.

장애 공개

공개하자. 대부분의 경우 장애아에 대해 우호적이다. 감추면 불편하고 공개하면 자유롭다. 그러나 조심해야 한다. 단지 호기심 충족을 위해, 자기 애는 멀쩡하다는 우월감을 드러내면서, 심지어 장애원인까지 진단해 주는 인간들이 있긴 하다. 부모 마음 스스로 지킬 일이다. 우리 아이에게 호의적이라 하더라도 우리 부모에게는 훨씬 덜 호의적일 수 있음을 기억하자. 아이를 수용하고 존중하는 교사는 많다. 그러나 그 부모를 동등하게 존중하는 교사는 그리 많지 않다.

경제적 대비

돈 없으면 불편한 것은 언제나 누구에게나 사실이다. 우리 아이들은 예외이길 바랄 수는 없다. 열심히 금융지식 재정지식을 쌓자. 주식, 부동산은 좀 그렇고, 연금(저축)은 어떠한가. 일부(국민연금 등)는 부모사후에 장애자녀에게 승계된다. 확인해 보자. 어쨌든 우리 부모는 돈을 모아야 할 한 가지 이유가 더 있다.

복지혜택

100조 복지 예산 중에 우리 몫이 얼마인지 열심히 챙겨보자. 전기, 통신, 가스 할인 혜택은 누리고 있는가. 비과세 혜택은 챙기는가. 기타 숨겨진 혜택들을 열심히 찾아보자. 몰라서 놓치는 일은 없어야 한다.

신앙생활

목장예배에 참석하자. 고립감, 소외감을 줄일 수 있다. 아이를 데리고 다녀도 좋다. 아울러 시간이 나는 대로 극동방송을 듣기를 권한다. 종일 습관적으로 들으면 좋고, 오전 11시 '소망의 기도', 오후 3시 '참 좋은 내 친구' 프로가 특히 도움이 된다. 교회 행사로는 '물댄동산캠프'를 권한다. 부모에게 힐링의 시간을 제공한다.

3. 마치는 이야기

부모들은 자녀로 인해 고통 받는다. 장애이든 다른 이유로든.

장애자녀가 아니더라도 이 세상의 모든 부모들은 어떠한 이유로든 고통 받는 존재이다. 사실상 우리의 삶은 문제들로 꽉 차 있다. 아이의 장애문제가 아니라면 분명 다른 문제들이 대신 그 자리를 차지할 것이다.

아이가 죽을 만큼 아파본 적이 있는가. 아이를 잃어버려 몇 시간씩 찾아 해맨 적이 있는가. 그때에도 아이의 장애가 문제가 되던가. 오직 내 옆에 있어만 주어도 고맙겠다고 여겨지지 않던가. 그 기억을 평소에도 지니고 살면 되지 않겠는가. 우리 아이의 존재가치는 장애보다 훨씬 크지 않은가.

일체유심조(一切唯心造), 모든 것은 마음먹기 마련! 마음 바꾸기가 힘든가.

그러면, 일체유행조(一切唯行造), 행동을 바꾸면 마음도 바뀐다.

모든 장애아 부모들의 건승을 빈다.

찬양하는 천사

통합사역부 채민아

유년부 찬양시간. 이번 주도 내 옆자리에서 쓸쓸함이 배어 나온다. 찬양시간이면 누구보다 열심히, 신나게 율동으로 하나님을 맞이하던 밀알천사의 자리, 옆에서 같이 율동해주면 더욱 좋아하며 따라 하기에 내가 더 열심히 찬양하고 율동하게 만들어준 아이. 그 아이가 없으니 찬양도, 율동도 어쩐지 맥이 빠진다. 우리 반의 다른 아이들도 그렇게 느끼는지 기운이 없어 보인다. 찬양하고 율동하는 모습으로 은혜를 전하던 천사, 우리 반 동휘가 미국으로 떠난 지도 어느새 한 달이 되어간다.

7월 말, 동휘의 어머니께서 가족이 모두 미국에 간다는 소식을 전하셨다. 가족 분들께는 무척 좋은 기회이고, 더 큰 세상으로의 발걸음이기에 잘 다녀오시라는 인사를 건넸지만 나로서는 동휘와의 헤어짐이 아쉬울 수밖에 없었다. 동휘와 지낸 시간이 반년이 지나면서 친밀감이 쌓이던 중이었기 때문이다. 그리고 내가 동휘를 통해 많은 것을 배웠기 때문이었다.

1월 첫 주일, 유년부에서 나에게 주어진 반과 학생 명단을 보고 놀랐다. 내가 희망했던 것은 보조교사였는데, 교사로서 한 반이 주어졌고 그 안에 밀알천사도 속해 있었기 때문이었다. 부끄러운 고백이지만, 몇 년 예수마당 봉사를 하면서 -대단히 열심히 한 것도 아니면서- 조금 편하고 싶었던 마음에 꾀를 부렸던 것이다. 그런데 작년보다 책임이 더해진 것을 보고 하나님께 속마음이 들통 났구나 싶었다. 부끄럽기도 하고, 어떤 밀알천사를 만날까 기대 반 걱정 반 속에서 안절부절못했던 새해 첫 주일이 생생하게 기억난다.

그런 나와 만나게 된 발달장애를 지닌 동휘는 몇 개의 반향어(反響語, 상대방이 말한 것을 그대로 따라서 말하는 증세) 외에는 말을 잘 못하고, 상동행동(常同行動, 같은 동작을 일정 기간 반복하는 것)을 하며, 고집스럽게 한 가지 행동을 고수하는 아이였다. 하지만 그 누구보다 멋진 미소를 가지고 있었고, 넘쳐흐르는 사랑을 지니고 있었기에 그 누구도 동휘를 사랑하지 않을 수 없었다.

8~9살의 어린 친구들은 취학 전 학생들보다는 더 많이 성장했지만 여전히 자기중심적인 사고와 행동을 하는 때이다. 그래서 나는 우리 반 아이들이 밀알천사를 잘 이해하지 못하고 불편하게 여길 것이라 예상했다. 더욱이 학교에서의 통합교육이라면 매일매일 만나는 과정 속에서 일반 학생들과 장애우가 더 자주 접촉하며 적응할 수 있을 텐데, 교회에서의 통합예배는 주일마다 한 번, 그것도 1시간가량이 전부였기 때문에 일반 학생들이 동휘에게 적응하는 데 생각보다 오래 걸릴 것이라 생각했다.

그러나 예수님을 닮은 아이들은 얼마나 순수하게 세상을 바라보는지, 있는 그대로를 편견 없이 받아들였다. 어느 주일엔가, 공과공부시간에 한 아이가 동휘 옆에 먼저 앉았다. 매번 공과시간마다 내가 동휘 옆에 앉았기 때문에 혹시 모르고 앉았나 싶어 물어보았다.

"선생님이랑 자리 바꿀래?"

아이는 의아하다는 듯이 날 보며 대답했다.

"괜찮아요."

의심 많은 어른은 한 번 더 물었다.

"혹시 동휘가 널 불편하게 할까봐 그래."

"제가 도와줄 수 있어요. 잘할 수 있는데요."

이들이 불편해할 것이라고 지레 짐작해버리고 동휘와 아이들 사이에 벽을 만든 사람은 오히려 나였던 것이다. 그대로 두어도 아이들은 아이들끼리 통하고 아이들끼리 서로 배려하고 사랑하는 법을 배우는데 말이다. 정말 예수님 말씀대로 하나님 나라에 더욱 가까운 것은 어린이들이었다.

어린이들의 통합예배는 좋다. 밀알천사뿐 아니라 비장애 아이들에게도 좋은 예배 환경이다. 통합예배 안에서 서로의 모습을 자연스럽게 받아들이고 열린 마음으로 바라보게 된다. 요즘 아이들은 예전 같지 않다고들 하지만, 그래도 아직 어린 나이에 지니는 순수함과 도덕성으로 그들은 편견 없이 장애우를 바라본다. 그 친구에게도 잘하는 것이 있다는 것을 보고 배울 수 있는 것도 통합이라는 장소에서다.

동휘는 손동작이나 율동 등을 매우 좋아해서 예배 태도가 그 누구보다도 좋았다. 그 모습은 일반 학생들에게까지도 영향을 미쳤다. 어린 저학년 학생들이 모인 유년부라고 해도 찬양과 율동 시간이면 좀처럼 몸을 움직이려 하지 않는 아이들이 있기 마련이다. 하지만 동휘가 열심히 율동하는 모습은 우선 나에게 영향을 미쳤고, 교사인 나와 동휘가 열심히 율동하는 모습은 우리 반 아이들까지도 모두 율동에 열심히 참여하는 모습으로 번져갔다. 이렇게 어렸을 때부터 하나님 안에서 서로를 이해하고 존중하며 자란 우리 아이들은 나중에 커서도 남을 돕고 배려하는 어른이 될 것이다.

기도할 때면, 내 두 손 사이로 자신의 손을 집어넣거나 내 두 손으로 자신의 기도하는 손을 감싸달라고 했던 동휘. 내 기도하는 손은 동휘의 기도를 안고 더욱 힘을 얻는 기분이었다. 앞으로 얼마동안은 멀리 다른 나라에 있겠지만 동휘의 기도하는 손이 여전히 내 손 안에 있는 듯 동휘를 위해, 그리고 통합예배를 드리는 우리 유년부 친구들을 위해 기도한다.

  나는 동휘에게서 많은 것을 배웠다. 힘든 점도 있었지만 얻은 것이 훨씬 많다. 그것이 통합예배의 멋진 점이다.

아름다운 사람들의
아름다운 이야기는
곱거나 예쁘지는 않다

아만나부 이중묵

십여 년 전에 형제교회에 출석할 때도 남서울은혜교회 장애부서에 관심이 있었다. 2005년 우리 교회에 재등록하면서 아만나 부서에서 섬기게 되었는데 그 당시에 가장 어려운 점은 조별모임이었다. 아만나부 조원으로 합류하는 데 어려움을 주었던 겉도는 교제와 딱딱한 성경공부! 조별시간(목장모임)은 삶을 나누고 교제하는 것보다는 주로 성경 교재를 수행하는 것과 형식적인 기도나눔이었다고 기억된다. 후에 나 역시 조장으로 섬기게 되면서 조별시간에 성경공부와 삶의 교제를 통해서 은혜 받는 것에 대한 과제는 큰 부담이었다. 아만나 조별모임은 우리 교회 목장모임 중에서 외부 환경적인 모습만을 볼 때는 가장 취약한 모임이다. 글을 잘 읽지 못하는 사람들(언어장애, 시각장애, 기타 등등), 마음을 잘 표현하지 않는 사람들, 지체장애로 인한 조별 모임 장소로의 이동의 불편함 등 여러 가지 어려움이 있어 아만나 조별모임은 은혜가 더욱 절실한 모임이다.

현재 2013년 9월 둘째 주일 하반기 첫 조별모임시간! 나는 지금의 조별모임을 통해 세상 어디서도 쉽게 만날 수 없는 많은 은혜를 누리고 있다. 현재 나는 우리 조의 부조장으로 섬기게 되었고 우리 조장은 지체장애인인 J집사님이시다. 바로 전 조편성에서는 J집사님의 남편인 L집사님이 우리 조 조장이셨는데 이분은 매우 희귀하고 어려운 질병으로 고통을 겪는 장애인이시다. 나는 이 부부가 아만나의 조장(목장)이 된 사실에서 하나님의 살아 역사하심의 손길을 보게 된다. 이들 J, L조장 부부의 생활 속에서 고백되는 하나님의 개입하심에 대한 증거는 힘이 있고 생생하다. 장애와 질병의 질고와 경제적인 난처함 속에서 날마다 하나님의 도우심을 경험하며 어떤 상황에서도 담대하고 감사하는 생활을 보여주고 있다. 그리고 이 부부는 각자 아만나에서 조장으로 섬기면서 자신이 삶에서 주님과 동행하며 얻은 은혜를 나누면서 조원들을 성심껏 섬기고 있다. 이들은 삶이 매우 힘들고 어렵다고 고백한다. 그러나 그분들은 더욱 힘주어 다음과 같이 고백한다.

"최악의 상황에서도 항상 최선으로 최상으로 인도하시는 하나님을 때때로 경험하고 있다. 현실 상황에서 하나님의 사랑과 살아계심을 경험적으로 체험함으로써 우리는 현재의 어려움과 다가올 어려움에 대하여 두려워하지 않고 삶의 소망을 갖게 되었다. 그래서 감사하고 행복하다."

아만나 대부분의 조별모임에서는 각자 자신뿐만 아니라 자신보다 더 연약한 자들을 통해서 일하시는 하나님의 손길을 구체적인 현실 속에서 보며 위로의 은혜를 서로 받곤 한다. 아만나 부서에도 성령의 경험을 하지 못한 분들도 상당히 많이 있다. 아니, 예수님에 대하여 인격적으로 만나지 못한 분들도 있다. 때로는 주변 눈살을 찌푸리게 하는 사람도 있고 불쾌감을 주는 행동을 하는 사람, 인격이 다소 부족하여 교역자들을 힘들게 하는 사람도 있다. 그러나 서로의 허물을 덮어주고 용서하는 것을 배우면서 이전저런 사람들이 잘 어울리고 있음을 본다.

 아만나 부서만의 독특한 색깔이 있다. 한 가지는 열악한 환경과 장애의 아픔을 겪어가면서 다져지는 믿음의 사람들의 가슴 뭉클한 삶의 이야기들이 사람마다 풍성하다는 것이다. 또 한 가지는 신앙이 아름다운 조장과 임원들이다. 인간적으로 흠모할 만한 것들이 없고 오히려 장애를 지녔지만 신실하게 기도하며 조를 이끌어가는 소중한 분들이 곳곳에 숨어 있다. 이분들과 함께하는 교제 속에서 과거에는 인격적인 결함이 적지 않았던 사람들에게 점차 인격의 성장과 신앙의 성장이 나타나고 있다. 지금 성령충만하신 L집사님도 처음에 타종교에 있다 왔기 때문에 성경지식과 믿음이 연약한 분이었다. 아만나 부서의 조장들과 임원들은 이처럼 여러 가지 모양으로 신앙의 공동체 안에서 아름다운 성장의 열매를 맺은 산 증인들이다. 지금도 계속 살아 있는 신앙의 체험을 삶 속에서 이어가고 있다. 이 체험은 척박한 환경과 불리한 신체조건 가운데 하나님을 만나고자 하는 갈급함에서 나오는 것들이다. 이 체험들은 조별모임을 통하여 이야기되어 다른 사람들에게 도전이 되고 교제 안에서 위로가 되기도 한다. 이러한 조별 시간에 나누는 아름다운 사람들의 아름다운 삶의 이야기는 결코 곱거나 예쁘지만은 않다. 오히려 투박하고 소박하며 애절하기도 하다. 그러나 감동이 살아 있고 타인에게 하나님을 증거하는 이야기로 충분하다.

사각(Blind side)을 보게 하신 하나님

아만나부 장완익 목사

운전을 할 때 시야의 확보는 무엇보다 중요하다. 정면의 유리와 후방을 보여주는 유리와 측면을 보여주는 유리에 의지하여 우리는 시야를 확보한다. 그러함에도 언제나 사각(blind side)은 있기 마련이다. 같은 것을 보아도 사람마다 보고 느끼는 바가 다르다. 각 사람마다 볼 수 있는 마음의 시야가 다르기 때문이다. 한 사람이 보고 이해하는 폭은 다른 사람을 이해하는 폭과 비례하게 되어 있다. 우리는 그런 사람을 성숙한 사람이라고 한다.

목회자에게 가장 중요한 것이 무엇일까? 하나님을 잘 아는 것과 더불어 그 못지않게 중요한 것이 사람을 이해하는 것이다. 적어도 내겐 그렇다. 성도들이 살아가는 일상의 어려움과 치열함을 이해하고 그들의 다양한 삶의 정황을 심도 있게 보고 이해하려는 노력은 그들과 나누는 잠깐의 대화에서도 큰 변화를 일으키게 만든다. 그래서 내게는 다양한 사람들을 만나고 그들을 이해함이 큰 배움이다.

2012년 연말이 다가올 때 당황스러운 소식을 접했다. 내년에 장애인 부서를 맡게 될지 모른다는 얘기였다. 장애인 부서가 싫어서가 아니었다. 10여 년간 청년사역과 소그룹과 묵상 분야의 전문가로 사역해온 나에게 그 분야는 너무나도 생뚱맞게 느껴졌기 때문이다. 솔직하게 말하면 '사임할 때가 되었나?'라는 생각까지 들었다. 가끔 부탁을 받고 밀알부서에서 설교를 해본 경험은 있지만 장애인과 함께해보거나 그들을 이해하는 시야는 한밤중 불을 끄고 운전하는 수준이었기 때문이다.

실제 맞닥뜨린 장애는 내가 이해하고 있던 그것과 매우 달랐다. 장애를 얻는다는 것이 지체의 한 부분의 기능을 상실하는 것에서 멈추지 않고 한 사람의 인생에 매우 복잡한 영향력을 미친다는 것을 알게 되었다. 크게 네 가지로 장애에 대한 나의 이해의 변화를 표현하겠다.

첫째로, 능력을 상실하게 한다. 하루아침에 경제적으로 무능해진다. 경제적 무능은 도미노가 넘어지듯 사회적 능력을 넘어뜨리고 나중에는 정신적인 부분에까지 충격을 준다. 심방을 하다보면 '예전에는 안 그랬다'는 말을 적잖이 듣게 된다. 왜 안 그렇겠는가? 작은 병만 얻어도 짜증이 앞서고 누구와 만날 만한 여유가 사라지는 게 우리 아닌가?

둘째로, 전체적인 건강의 균형이 무너진다. 다리를 못 쓰면 그 다리만 불편하게 되는 것이 아니다. 그 다리의 역할을 다른 지체가 감당해야 하기에 다른 쪽이 쉬 병이 들고 문제가 생긴다. 과부하가 걸리기 때문이다. 매우 상식적인 얘기인 것 같지만 현실에서 보는 그 상황은 매우 급격하다. 어쩌면 장애인이 되는 순간 자신에게 주어진 인생을 압축해서 살게 되는지 모르겠다. 깡통 음료를 먹고 부피를 줄이기 위해 발로 얇게 쭈그리는 것처럼 말이다. 비장애인이 10년 동안 겪을 노화 과정을 2~3년 안에 겪는다고 보면 크게 틀리지 않다.

셋째로, 장애인 중에 많은 분들이 통증에 시달린다. 장애인 중에 중도 장애인이 약 95%에 가깝다. 그중 상당수가 사고와 병을 통해서 장애를 입은 분들이다. 후유증과 합병증으로 인한 심한 통증을 가지고 평생을 사시는 분들이 적잖다. 고열이 동반되는 경우도 있고, 사지가 끊어지는 것 같은 통증이 따르거나, 주기적으로 수술을 해야 하는 등등 그 종류도 다양하다. 난 장애를 바라볼 때 남보다 어느 한 부분의 기능을 상실해서 불편해진 것으로 이해했다. 이렇게 평생을 고통 속에서 지내야 하는 문제로 보지 못했다.

마지막으로, 가장 심각한 것은 관계의 균열이다. 위의 세 가지가 복합적으로 찾아오면 자기 한 몸 건사하기도 쉽지 않다. 무기력함에 급격한 우울증에 시달리고 남성의 경우는 알코올중독에 빠지는 경우도 적지 않다. 가족의 입장에서는 장애를 얻은 가족을 부양하며 함께하는 것은 결코 쉬운 일이 아니다. 이런 상황들은 부모와 자식의 관계와 부부 관계와 형제 관계와 친구 관계에

균열을 일으키는 요인이 된다.

　우리에게는 지극히 당연하고 작은 일이 그들에게는 절박함이다. 누구에게도 보여주기 싫은 일도 다른 사람의 손을 빌려서 해야 하는 맘을 이해하겠나? 10cm도 안 되는 턱을 넘을 수 없어서 다른 사람의 도움을 구해야 한다. 그들에게 그 10cm의 턱은 철옹성보다도 더 높고 강한 성이다. 화장실을 갈 때도 혼자서는 일을 볼 수가 없다. 부부 사이에도 보여주기 쉽지 않은 부분을 공개하고 살아야 한다.

　몸은 불편하지만 욕구는 동일하다. 성욕, 식욕, 물질 욕구 등등. 오히려 다른 일에 집중하기 쉽지 않고 일반적으로 자신이 해야 할 경제적 활동을 못하는 경우가 많아 여가 시간이 많이 주어지기에 이런 기본적인 욕구에 더욱 집중하게 되는 경향이 있다. 그건 나도 마찬가지다. 바쁜 일상을 보낼 때는 잡념이 없지만 한가해질 때는 하지 말아야 할 생각도 든다.

　몸을 스스로 움직이기도 어려운 한 형제가 내게 상담할 일이 있다고 찾아왔다. 그 형제는 내게 성적인 욕구를 참을 수 없다고 하였다. 난 너무나 안타까웠다. 당연한 것이 아닌가? 젊은 남자가 성적인 욕구가 있다는 것이 무슨 문제겠는가? 그러나 그들에게는 건전한 성관계를 가질 수 있는 배우자가 없다. 난 그 형제에게 "전혀 이상한 것이 아니다"라고 말해주었다. 목사인 나도 동일하게 힘든 문제라며 서로 기도해주자고 말했다. 나 또한 솔로로 지낸 지 몇 년이 지났기 때문이다. 그 형제는 나의 말에 적잖이 위로를 받은 듯 밝게 웃으면서 돌아갔다.

장애인들이 비장애인에게 도움만을 받는다고 생각하겠지만 그렇지 않다. 장애부서에서 봉사하시는 비장애인들에게 물어보라. 그들이 주는 것이 많은지 얻는 것이 많은지를…. 섬기는 것이 어렵지 않다는 것은 아니다. 분명 쉬운 일은 아니다. 그러나 그 못지않게 얻는 것이 많기에 그분들은 10년 가까이 장애부서를 떠나지 않고 있다. 봉사자들 중에 많은 분들이 오랜 시간을 봉사하신 분들이라는 통계가 그것을 반증한다.

그들이 얻는 것이 무엇일까? 나는 자신이 보지 못하던 부분을 보게 되는 일이라고 표현하고 싶다. 내가 이전에는 감사할 것이라고 생각지도 못했던 부분들이 얼마나 큰 감사거리인지를 보게 된다. 한 집사님의 고백이다. 자신은 가까운 거리에서도 예배에 늦을 때가 있는데, 지팡이에 의지하고도 비틀거리는 몸을 이끌고 대중교통을 이용해서 편도 2시간 거리를 몇 번에 걸쳐서 환승하여 오시는 분을 보고 많이 부끄러웠다고 하신다. 미처 생각하지 못하고 넘어갔던 자신의 게으름을 보신 것이다. 장애인들은 비장애인에게 나의 숨겨진 사각을 보게 해주는 거울과 같다. 그래서 그들과 함께하는 비장애인들은 자신을 숨길 수 없다. 그들과 함께하는 예배는 감격이 있다.

올해는 기존의 신자 가운데 아만나 부서에 와서 섬기려 하시는 분이 한 분도 없었다. 그런데 그 빈자리를 새 신자 분들이 채우고 있다. 내게는 놀라운 경험이었다. 주께서 장애인을 통해서 비장애인을 변화시키시고, 교회에 정착하지 못하던 새 신자들의 마음을 여셨다. 몇 개월 만에 그들이 자연스럽게 장애인들의 휠체어를 밀고 장애인의 밥을 챙기는 모습을 보게 된다. 새 신자들은 아만나에 오면 속성 코스로 섬김 훈련을, 그리스도의 제자훈련을 받는 것 같다. 고린도전서 1장 27~29절 말씀이 아만나 안에서 성취되고 있다.

"그러나 하나님께서 세상의 미련한 것들을 택하사 지혜 있는 자들을 부끄럽게 하려 하시고 세상의 약한 것들을 택하사 강한 것들을 부끄럽게 하려 하시며 하나님께서 세상의 천한 것들과 멸시받는 것들과 없는 것들을 택하사 있는 것들을 폐하려 하시나니 이는 아무 육체도 하나님 앞에서 자랑하지 못하게 하심이라."

지난 일 년 동안 내 머리에 남아 있던 질문은 '왜 주님은 나를 이곳으로 보내셨을까?'였다. 얻은 답은 그들에게 내가 필요하고 내게 그들이 필요하다는 것이었다. 내가 당한 아픔이 그들과 허물없는 대화를 가능케 했고 내가 그들에게 하는 위로를 진심으로 느끼게 하였다. 또한 내가 본 그들의 아픔이 나를 자기 연민의 늪에서 건져주었다. 오직 하나님께 영광을!

물댄동산

통합사역부
송상기/ 송상아/ 이미영/ 박상현/ 안주희

'물댄동산'은 장애가족의 회복과 성장, 그리고 교회와의 하나 됨을 위한 사역의 통칭입니다. "여호와가 너를 항상 인도하여 메마른 곳에서도 네 영혼을 만족하게 하며 네 뼈를 견고하게 하리니 너는 물댄동산 같겠고 물이 끊어지지 아니하는 샘 같을 것이라"라는 이사야 58장 11절을 따라 장애사역위원회 통합사역부에서 진행하고 있습니다. '물댄동산'이라는 이름으로 다양한 사역(부모학교, 공개강좌, 가족캠프, 아버지모임, 평생설계모임, 주일가족모임 등)이 진행되고 있기에, 성도님의 기도와 응원을 부탁드립니다.

통합사역부 송상기

장애자녀를 키울 때 가장 중요한 것은 아이가 고립되어 외로움을 느끼지 않도록 관계망을 형성해두는 것이다. 한밤중에도 주저 없이 연락을 취할 수 있고, 아이의 삶을 힘껏 옹호해줄 믿을 만한 사람과 유대관계를 맺는 것이다. 또 하나의 중요한 일은 "우리 아이가 성인이 된다면?"이라는 질문에 미리 답을 찾아가는 것이다. 이는 장애자녀뿐만 아니라 그 형제와 부모를 위해서도 무척이나 소중한 일이다.

물댄동산 공동체연구모임은 부모의 관계망 형성과 "우리 아이가 성인이 된다면?"이라는 질문에 길을 찾아가고자 시작되었다. 이 모임은 우리 교회에 속한 장애자녀의 부모들이 스스로 다양한 길을 모색하고, 서로의 의견을 나누기 위해 존재한다.

첫 번째 나들이 장소는 강화도 우리마을이었다. 그곳은 기숙형 성인 직업재활시설이고 자립형이어서 발달장애아의 부모들이라면 누구나 보내기를 희망하는 이상적인 공간이었다. 담백하고 솔직한 신부님의 시설 소개 이후에, 따스한 기숙사 내부로 들어서자 부모님들의 마음은 자연스럽게 열렸다. 이런저런 궁금증을 풀기 위해 현실적인 질문과 답변들이 오고 갔다. 신부님의 말씀 중에서 기억에 남는 것이 있다.

첫째, 통합교육에만 모든 힘을 다 쏟아내지 마시라. 본 게임은 정규 교육이 끝난 다음이다. 힘을 비축해야 한다.

둘째, 현실은 녹록하지 않다. 발달장애 아이들은 스스로 의사를 결정할 수 없어서 다른 장애인들에 비해서 등급조차 매기기 어렵다. 복지에도 눈에 띄는 효율과 성과를 강조하는 실정이라서 모두가 중증인 발달장애 아이들은 갈 곳이 없게 되었다. 신부님은 가진 사람에게 달란트를 더 보태주는 현실이라는 서글픈 말씀 인용도 하셨다.

셋째, 행복한 부모가 행복한 아이들을 만들고 그 영향력이 전파되어 장애인 기관과 담당자도 변화시킬 수 있다. 왜 우리에게 이런 일이 있는지가 안타깝기는 하지만 하나님을 신뢰하자.

넷째, 마침내 좋은 공간에 이르렀을 때, 울타리를 치고 초막 셋을 짓고 여기가 좋사오니 하면서 우리끼리만 행복하려고 들어서는 안 된다.

돌아오는 길에 여러 가지 생각이 들었다. 우리들에게 발달장애 아이들을 맡겨주신 이유가 무엇일까? 어떤 보람이 있을까? 어떤 의미가 있을까? 예수님께서 오른손이 하는 것을 왼손이 모르게 하라고 하셨는데, 이것은 세상 누구도 할 수 없는 불가능한 일이다. 하지만 발달장애 아이들을 섬긴다면 이러한 불가능한 일은 누구에게나 가능한 일이 된다. 우리 아이들은 누가 선행을 베풀어주었는지 잘 기억하지 못하거나 전혀 기억하지 못하기 때문이다. 눈에 보이는 성과가 없어서 허무할지라도 은밀한 중에 보시는 하나님께서 갚아주실 것이다. 이러한 축복의 통로를 가정에 두고 매 순간 주님의 말씀을 순종하는 엄마들에게 복이 있다고, 이런 아이들을 일주일에 한 번 정도 돌보는 아빠들에게도 복은 있다고, 발달장애아들을 섬기도록 선택받은 우리 교회에게 복이 있다 위로해본다. 아! 기쁘고 감사하다.

그런데, 그래도, 우리가 죽으면 누가 우리 아이들을 돌봐줄까? 오늘도 여드름도 짜주고 머리도 감겨주고 산책도 시켜줘야 하는데. 지금도 들뜬 아이 때문에 잠 한숨 못 자고 아이의 용변을 처리하며 절망하고 아이들을 원망하면서도 예수님을 사랑하는 엄마와 아빠들의 눈물을 언젠가는 씻겨주시겠지. 이러한 마음이 체념이 아닌 우리네 신앙이길 소원한다.

통합사역부 송상아

　겨울 방학동안 아이들과 전쟁 같은 시간을 보내고 있었는데, 일상에서 벗어나 기쁨과 쉼을 누릴 수 있는 선물을 받았다. 눈썰매장으로 떠나는 물댄동산 가족소풍. 차가운 날씨 탓에 발달장애를 가진 큰아이와 7살이 되는 작은아이, 둘을 데리고 바깥 활동을 하는 것이 쉽지 않았다. 그래서 들뜬 맘으로 서둘러 교회로 갔다. 언제나 귀한 사랑으로 함께해주시는 전도사님과 스태프 집사님들. 그리고 같은 경험을 가진 다른 가족들과 인사를 나누니 나도 모르게 마음이 환해졌다.
　그곳에선 비장애 형제들끼리도 공감이 형성되어서인지 나이와는 상관없이 서로 깊은 교감을 가졌다. 부모는 부모대로, 아이들은 아이들대로 닮은 마음을 가진 사람들이 단지 함께 한다는 것만으로 하나님 안에서 치유와 위로를 얻는 시간이었다. 그날 저녁 전도사님께서 전하시던 말씀 중 하나님의 음성을 들었다. 한번 자녀 삼은 나를 절대로 끝까지 놓지 않으신다고, 언제나 나와 함께하신다고 하셨던 그 말씀. 가슴에 싸하게 와 닿았다. 늘 세상의 시선과 나의 한계로 외롭고 힘들었는데 하나님께서 주신 감동으로 하염없이 울었던 기억이 난다.

그 이후 우리는 가족모임에 한 번도 빠져본 적이 없다. 참여를 거듭할수록 조금씩 나 자신이 변화되고, 하나님께서 언제나 함께하심을 알게 되었다. 그 감동은 남편에게도 흘러갔다. 교회 일에 냉담했는데 언제부터인가 가족모임을 기다리고 적극적인 모습까지 보인다. 이것 역시 감동이다.

장애를 가진 자녀와 그 가족이 물댄동산처럼, 물이 끊어지지 않는 샘물처럼 회복하고 성장하는 작은 천국. 나는 우리 교회가 참 좋고 자랑스럽다. 그리고 같은 경험을 가진 사람들이 기도하며 응원하는 가족모임이 있어서 기쁘다. 이 모든 것을 값없이 선물로 주신 우리 하나님, 참 멋지다.

통합사역부 이미영

특별한 아이를 둔 가족들의 삶은 특별할 수밖에 없다. 평범하다는 것과 동떨어졌다는 사실은 알게 모르게 소외감과 외로움을 준다. 겪어보지 못한 사람들은 결코 느낄 수 없는 소외감과 외로움, 양육에서 오는 육체적 정신적 스트레스와 피로는 가족들을 많이 지치게 하고 때론 깊은 병이 들게도 한다. 그런 가족들의 등을 쓸어주고 손을 잡아주는 캠프가 물댄동산 가족캠프였다.

캠프의 장소였던 양평 코바코연수원은 가족들의 쉼터로 이 이상의 것은 없겠다 싶을 정도로 좋았다. 아늑한 강이 보이는 풍경과 아름다운 조경이 눈을 즐겁게 해주었고, 매끼 제공되는 질 높은 식사들은 힐링, 그 자체였다. 하지만 무엇보다 참된 힐링은 다른 가족들과 함께하는 단합회와 예배의 시간이었다. 몸을 아끼지 않는 스태프들의 무한 헌신이 눈에 보여 송구한 마음이 자주 들었지만, 이기적으로 그 헌신을 받고 편안히 즐기다 가자, 하나님께서 스태프들을 통해 주시는 선물이라고 생각하자고 다짐했다.

첫째 날, 보물찾기, 물풍선 터뜨리기 등의 소(小) 체육대회와 예배. 둘째 날 오전의 레일바이크 타기와 축구, 다양한 게임들, 그리고 예배. 장애아이들을 키우는 다른 가족들과 함께 시간을 보내며 우리 속에서 우리가 위로를 받을 수 있었다. 그래서 더 쉽게 하나가 될 수 있었다. 서로의 아픈 구석을 말하지 않아도 알기에 그리 기쁘게 다가갈 수 있었다. 그런 편안함과 기쁨 속에서 천국의 모습을 상상해보기도 했다.

개인적으로 가장 좋았던 건 우리 가족 모두가 함께한 캠프였다는 점이다. 철저한 유교 집안에서 자라온 남편이 마음 문을 열고 이번 캠프에 참여하게 된 것이다. 예배를 드리기나 할까 걱정하고 갔는데 캠프 여는 예배와 마치는 예배 모두에 참석을 했다. 캠프에 함께 가는 것만으로도 기적이라 생각했는데 예배 참석이라는 기적을 하나님께서 보여주셨다. 스태프이셨던 정성태 집사님께서 앞으로 더 많은 기적들을 보여주실 거라 말씀해주셨는데, 그 말씀대로 될 거라 믿는다.

캠프의 주제는 '갈망'이었다. 아, 갈망. 평범한 가정에도 갈망은 있다. 사람이면 누구나 자신만이 갈망하는 것들이 있다. 하지만 특별히 우리 아이들(나는 장애아이들을 '우리 아이들'이라고 부르면 마음이 참 편안해진다)을 둔 가정에는 특별한 갈망들이 있다. 그 특별한 갈망은 '평범이라는 갈망'이다. 가족들과 평범하게 여행을 가고 평범하게 외식을 하고 평범하게 아이들이 커나가는 모습을 지켜보는, 그런 평범한 삶에 대한 갈망이 있다. 이를테면 특별한 가족들의 평범함에 대한 갈망이다.

 캠프 전체 일정을 통해 내가 갈망하던 모습을 되돌아보았다. 하나님께서 주신 상황들을 벗어나고자 하는 갈망이 넘쳐 내 힘으로 무언가를 해보겠다고 발버둥 치던 세월들이었다. 돌아보니 내 발버둥의 힘이 세어질수록 자유함에서 멀어졌던 것 같다. 내 힘의 발버둥은 하나님으로부터 나를 점점 멀리 떼어놓았다는 생각이 들었다. 이제는 모든 것을 하나님께 맡기고 하나님 안에서 그분이 주시는 자유함을 한껏 누리고 싶다는 '새로운 갈망'을 해본다. 하나님 안에서 온전히 자유로운 사람이 되는 것, 그런 참 자유함의 갈망이 넘쳐나기를 기도한다.

통합사역부 박상현

　뭐가 그리 급한지 이른 아침에 문 두드리는 소리가 들렸다. 삼복더위였다. 정수리에 떨어지는 뙤약볕을 견디다 못해 버스 정류장에서 택시를 잡아탔다. 9시가 다 되어 집합장소인 고당홀에 들어서는데 함께 갈 일행이 뿜어내는 열기가 우리 가족을 맞았다. 예배와 오리엔테이션을 마치고 버스에 올랐다. 에어컨 바람에 한숨을 돌릴 무렵 자리마다 시원한 생수와 토스트가 돌려졌다. 이른 일정을 고려해 아침끼니를 준비한 주최측의 배려가 느껴졌다. 정체 없이 한 시간을 달려 점심장소인 곰탕집에 도착했다. 곰탕을 먹으며 오윤네와 8월초 휴가일정이며 각자 준비할 것들을 의논했다. 먹으면서 먹는 얘기 하고 놀면서 노는 얘기 하고 있는 나를 느끼며 여행이 시작됐음을 실감했다.
　작년에 이어 참가하는 통합지원부 여름가족캠프. 일곱 해째를 맞은 캠프가 올해는 물댄동산 가족캠프란 이름으로 새롭게 출발했다. 축구장 두 개를 너끈히 소화하는 잔디밭과 천연 냇가가 그 모습 그대로 일행을 맞았다. 장대비 속에 축구하고 아이들과 잔디밭을 달리던 추억이 새록새록 떠올랐다. 숙소 배정을 받고 연신 '수영~수영~'을 외치는 세준이의 등쌀에 못 이겨 얼른 수영

복으로 갈아입고 냇가로 향했다. 물을 좋아해 주말마다 수영강습을 받는 세준이가 냇물을 보는 순간 입이 헤 벌어졌다. 물안경을 선글라스 삼은 세영이는 카메라를 든 엄마의 요청에 따라 갖은 포즈를 취했다. 다들 더위에 지친 금요일 오후, 냇가는 아이에게나 어른에게나 유쾌한 놀이터가 되어주었다. 입술이 파래질라치면 물에서 나와 수박이며 과자를 나눠 먹었다. 이보다 호사스러운 피서가 있을까 싶었다.

  느긋하게 저녁밥을 먹고 세준이는 에어바운스를 하러 지하 세미나실로, 세영이는 오카리나를 배우러 2층 세미나실로 가고 아내와 나는 심리행동치료를 주제로 한 강의를 들었다. 가족 구성원 개개인의 필요에 따라 세심하게 프로그램을 마련해준 덕분에 편안하게 첫째 날 밤을 즐겼다.

  둘째 날은 가족명랑 운동회로 하루를 시작했다. 폭염을 피해 오전으로 시간을 잡은 듯한데 흐린 날씨가 때마침 일정을 도와주었다. 경찬 아버님의 일사쿨란하고 유머 넘치는 사회로 4개조가 젖먹던 힘을 다해 경쟁을 벌였다. 액면가에 100을 곱한 사회자의 상품 소개에 들떠(?) 다들 평상시에는 절대로 볼 수 없을 승부사 기질을 보여줬다. 최고의 명장면은 여자 축구였다. 공을 향해 떼로 질주하는 그녀들에게서 언젠가부터 엄마의 역할에 가려진 꿈과 청춘을 엿보았다. 그랬다. 그녀들은, 나의 아내는 엄마이기 전에 여자였다. '신품'(신사의 품격)의 도진 오빠와 '시가'(시크릿 가든)의 빈이 오빠를 꿈꾸던, 아니 멋진 기럭지의 왕자와 마차 탄 공주로 상징되는 모험 가득한 세상이, 청춘 바로 그녀들이었다. 초는 자신의 심지를 불사를 때 초다운 것인데 엄마임을 앞세워 늘 변함없는 모습을 기대한 건 아닌지. 그러니 유치한 멜로드라마에 빠져 퇴근한 남편을 돌아보지 않는다고 채근할 일은 아니라는 생각이 들었다. 그녀들은 지난 시절을 추억하기보다는 보일 듯 말 듯한 불꽃이라도 현재진행의 청춘을 갈망하고 있을 터였다. 그것이 삶을 삶답게 하는 방식이니까.

오후에는 엄마들끼리 소풍을 보내고 아빠들이 아이들과 물놀이를 했다. 더위가 조금 가실 때쯤 세영이를 에어바운스로 보내고 세준이와 마저 물놀이를 했다. 각각의 프로그램이 빈틈없이 운영되어서 오후 나절이 후딱 지나갔다. 다만, 늘 함께 지내던 남매가 전날에 이어 각기 다른 프로그램에 참여하게 되었을 때 잠깐 묘한 느낌이 들었다. 세준이가 걸어갈 길을 미리 본 느낌이랄까. 현실로 감내하며 길에서 길을 찾아야 할 아이의 미래를 보는 듯했다.

이틀째 밤은 아내와 별도의 프로그램을 가졌다. 아빠들은 에니어그램 테스트를 통해 자신을 이해하는 시간을 가졌고, 아내에 따르면 엄마들은 갖가지 화제로 친목을 도모했다고 한다. 대화 중에는 당연히 남편들 이야기도 나왔을 법한데 너무 자주 도마에 오르지 않았기를 바랄 뿐이다. 프로그램이 끝나고 이틀 동안 남편들의 프로그램들을 이끌어주신 강사분과 이야기를 나눌 기회가 있었다. 자폐아의 아빠이기도 한 그분을 통해 아버지의 소임에 대해 새롭게 눈뜨는 시간이 되었다.

마지막 날 거대한 에어바운스가 설치된 지하 세미나실이 말끔하게 치워지고 그 자리에서 가족 주일예배를 드렸다. 보이지 않는 가운데 늘 최상의 프로그램을 만들어주는 스태프 분들께 절로 고개가 숙여졌다. 주일 설교의 제목은 '앎'이었다. 김민수 전도사님이 이번 캠프의 주제인 앎을 통합지원부 가족캠프의 역사와 연계하여 풀어내셨다. 시편 139편 설교를 통해 광야에서 혹독한 시련을 겪은 다윗과 우리 장애우 부모들과 하나님의 삼각관계를 이해하게 되었다.

2012년 물댄동산 가족캠프의 주제는 나를 온전히 아시는 하나님 안에서 쉼과 회복을 누리자는 의미의 앎이었다. '알다'는 뜻의 히브리어 '요다'는 부부와 같이 개인적으로 인격적으로 경험적으로 특별한 관계일 때만 사용하는 동사다. 그러므로 다윗이 시편 139편 1절에서 "여호와 주께서 나를 살펴보셨으므로 나를 아시나이다"라고 고백할 때의 심정은 말로 다 할 수 없는 슬픔과 폭폭함(답답함)을 엄마 품에 맡긴 어린아이와 같았을 것이다. 시대는 바뀌었지만 고난의 광야는 어디에나 존재한다. 물댄동산 가족캠프는 그런 광야에서 '따로 또 같이'의 기쁨을 안겨준 샘물이었다. 다윗의 참 휴식이 캠프 참가 가족들에게 똑같이 임하기를 기도하고 손발로 이끌어준 통합지원부 교역자 및 사역자 분들의 성원에 힘입어, 그 달콤함을 잠시 맛보았다. 순간은 속절없이 흘러갔지만 달콤함을 맛본 이상 우리는 그것을 실체로 꿈꿀 수 있다. 유치찬란하게 함께 웃고 탐닉한 2박 3일의 기억이 실마리가 되어줄 것으로 기대한다. 기쁨은 함께하고 슬픔은 나누고, 복음 안에서 화목한 가정을 이루되 각 구성원의 개별성이 수용되고, 하나님 백성으로 하나 된 통합을 추구하되 장애우의 다름이 존중 받는 세상. 그곳은 멀리 있는 꿈이자 지금 여기서 실현 가능한 현실이라고 생각한다. "진심으로 네 영혼과 힘을 다하여 하나님을 사랑하라"는 구절에 의지해 아우슈비츠에서 살아남은 빅터 프랭클. 그는 죽음의 수용소에서 '삶에서 기대하는 것이 무엇인가'에서 '삶이 그에게 기대하는 것이 무엇인가'로 질문의 방향을 전환했다.

후자의 질문을 머리는 받아들이나 가슴은 아직 머뭇거린다. 그러나 지난 2박 3일이 그러하였듯 일상이 던진 질문들에 화답하기를 게을리하지 않는다면 하나님은 현재를 넘어 영원으로 통하는 길 또한 열어주실 것이라 믿는다.

통합사역부 안주희

그랬다. 장애를 가진 아이를 낳고 키우기를 9년.

때론 외로워서, 때론 무지해서 투쟁하듯 9년이 흘렀다.

이제 아이도 나도 장애아로 장애아의 부모로 사는 것이 어느 정도 익숙해지고 이젠 별로 특별할 것도 없는 바쁜 일상이 이어지고 있다. '이제는 돌아와 거울 앞에 선 누님처럼' 내가 보인다. 그리고 내 앞서 묵묵히 그 길을 걸어가신 그분들이 보고 싶었다. 굳이 국화꽃이 피지 않았더라도, 무화과 나뭇잎이 마르고 포도 열매가 없을지라도 매일의 일상을 버티고 한 발 한 발 걸어주신 그분들의 어깨를 안아드리고 싶었다. 수고하셨다고 말씀 드리고 싶었다.

열심히 찬양을 준비하면서 우리의 찬양이 그분들에게 위로가 되기를 바랐다. 그리고 장애와 아무런 관련이 없으면서도 우리를 위해 애쓰시는 분들에게 고맙다고, 정말 고맙다고 말씀드리고 싶었다. 아마 나뿐만이 아니었을 것이다. 문현경 집사님이 대표로 홍정길 목사님을 안아드리는 순간 여기저기에서 소리 없이 눈물을 흘리시던 많은 분들이 그렇게 말씀하고 계셨다. 고맙다고, 감사하다고.

지금도 어디선가 계속해서 장애를 가진 아이들이 태어나고 있고, 장애아이를 키워야 할 부모들이 생겨나고 있다. 그동안은 보이지 않았다. 내 앞에 있는 두려움의 산이 너무 커서 볼 수 없었다. 그러나 이제야 알았다. 혼자가 아니라는 것을. 내 앞서 그 길을 걸으며 길을 다져놓으시고, 돌도 뽑아주신 분들이 계시다는 것을. 이제 내가 그 길을 다지고, 더 넓히며 평탄하게 만들어야 할 차례다. 우리의 자축적인 송년모임이 내게 말해주었다. 내 뒤에 오는 분들을 안아주고, 등을 쓸어주며, 괜찮다고 놀라지 말라고 두려워하지 말라고 말해주라고. 당신들은 혼자가 아니라고 말해주라고.

우리의 송년모임 '보고 싶어서, 알고 싶어서'는 그렇게 나를 토닥거리며 말했다.

"수고했다."

이 글을 쓰면서 생각해본다. 먼 훗날, 알 수 없는 그날에 주님이 이 길로 오시지 않을까?

기다려! 손잡고 같이 가

초판 발행 2014년 4월 19일

엮은이 남서울은혜교회 장애사역위원회
펴낸이 임만호 **펴낸곳** 도서출판 크리스챤서적
주소 135-867 서울시 강남구 선릉로 112길 36(창조빌딩 2층)
전화 02-544-3468~9 **팩스** 02-511-3920 **이메일** holybooks@naver.com
등록번호 제 10-22호 **등록일자** 1979년 9월 13일

책임편집 남서울은혜교회 장애사역위원회 TF팀, 홍성은
디자인 가지디자인 **사진** 권성민 **교정·교열** 박윤정
제작 남서울은혜교회 장애사역위원회

Printed in Korea
ISBN 978-89-478-0302-1 03230

정가 10,000원

이 출판물은 저작권법에 의해 보호를 받는 저작물이므로 무단 전재와
무단 복제를 할 수 없습니다.

※잘못된 책은 교환하여 드립니다.